Stimmen der Leserschaft...

Somit ist meine Aufnahmeprüfung zum DORP-Club bestanden, denn ich werde hoffentlich ein paar von der Existenz Nerdors überzeugt haben! Nerds aller Länder vereinigt euch, möge die Nerdisierung beginnen!
  – Dirk Goetz auf Ciao.com

Nettes "Rollenspiel für zwischendurch". Für einen One-Shot mit jeder Menge Spaß würde ich das System zur Auflockerung im recht ernsten Kampangenalltag empfehlen. Wer eine Kampagne damit spielen will kann das sicher auch, doch würde sich wohl der Witz mit der Zeit etwas abnutzen. Für ein Drei-Mann-Fanprojekt, welches in so kurzer Zeit zusammengeschustert wurden, kann sich das Buch wirklich sehen lassen. [...] Und wenn man nie dazu kommen sollte es einmal selbst aus zu probieren, so erhält man mit dem Werk zumindest eine recht schöne Satire auf unser Hobby, vorrausgesetzt, man ist etwas bewandert in der Szene.
  – Rokal Silberfell via GroFaFo.de (Heute: tanelorn.net)

Beim Durchlesen des Grundregelwerkes kann es zu Erstickungen durch heftige Lachanfälle kommen!!!
  – Whisper im Degenesis-Forum

Ich blättere mal nur quer und schon das macht einfach Spaß - die Illustrationen versprühen in ihrer absolut nicht zusammenpassenden Unterschiedlichkeit fröhlichen Wahnsinn und die Werte- und Attribute in Farben anzugeben, ist schlichtweg verrückt. Nie lagen Genie und Wahnsinn so nahe beieinander. [...]
Auch die etwa 2378546291569165 Insider-Witze sind echt klasse, ich gehe mal davon aus, dass ich davon etwa 2-5% kapiert habe und werde mich beim genaueren Lesen daran machen diese Quote deutlich zu steigern - und wenn ich Thomas oder Scorp mit Mails nerven muss, bis mir alles erklärt wurde!
  – Moritz Mehlem in seinem Blog „Von der Seifekiste herab"

Liebenswerte Spinner...
...Als solche werden Rollenspieler in den Medien oft dargestellt. Und mit diesem Rollenspiel hat das Triumvirat der DORP diese Klischees wunderbar in einem Rollenspiel für Rollenspieler umgesetzt, in dem sie Ihresgleichen darstellen. Eine wunderbare Hommage an ein Hobby und seine Fans, die manchmal weltfremd erscheinen. Für jeden Rollenspieler empfohlen!
  – Rudolf Raddatz auf Amazon.de

ḥey Depp!!

He kills their kids, he kills their wives, he kills their parents and their parents' friends. He burns down the houses they live in and the stores they work in, he kills people that owe them money. And like that he was gone. Underground.

- The Usual Suspects

Die üblichen Verdächtigen.

Das sind noch immer wir.

Darum folgt hier erneut der obligatorische Selbstschutz:

Wir, die DORP, sind keine Sekte. Wir wollen auch keine Sekte sein. Eventuelle Gerüchte, wir seien eine Sekte sind keinesfalls zutreffend. Von uns ist auch keiner Mitglied in einer Sekte. Wir unterstützen und befürworten auch keine Sekten.

Wir befürworten auch keine Gewalt, in keiner Form. Gewalt schadet allen Beteiligten und sollte nie und nimmer auch nur als die letzte aller Lösungen akzeptabel sein. Selbiges gilt für Terrorregime aller Art.

Wir sind Tierfreunde. Jawohl, auch das sind wir. Keiner von uns hat je in seinem Leben ein Tier gefoltert oder gequält.

Richtig, wir sind Rollenspieler, dies ist ein Rollenspiel. Nein, wir befürworten dadurch keine Realitätsflucht. Vergesst nicht, dass ihr auch ein Leben habt. Die hierin dargestellten Charaktere basieren zwar manchmal grob auf uns oder unseren Freunden, sind aber keine Ideale, denen ihr blind folgen sollt. Ihr solltet neben dem Rollenspiel ab und an auch einem Beruf/Studium/was auch immer nachgehen und doch einige Kontakte zur normalen Welt halten. Verwundert euch das? Dann solltet ihr euer Leben lieber noch einmal durchdenken …

Ja, wir haben 2019, und der eine oder andere Gag in diesem Buch ist nicht gerade gut gealtert. Aber auch wenn schon, wir haben nichts angepasst, denn es ist auch ein Zeitzeugnis, ein Fenster in eine Ära, als wir noch jung, naiv und rebellisch waren. Und manchmal ein wenig dumm.

Zuletzt: Niemand, aber auch wirklich niemand, soll von diesem Dokument hier beleidigt werden.

Es ist der gedachte Hut in Buchform, den wir vor allen Profis der Rollenspielszene ziehen. All ihr Illustratoren, Autoren und kluge Köpfe macht einen erstklassigen Job, fühlt euch gelobt, gehuldigt und geschmeichelt, wenn ihr euch hier drin wiedererkennt …

DORPENDIUM MALEFICARUM

Das Hexenwerk der DORP

A sourcebook
on demand

Das DORP-Rollenspiel
2010

Dorpendium Maleficarum
2010

format DORP
202X

Impressum

Grundidee: Marcel Gehlen, Matthias Schaffrath und Thomas Michalski

Zusätzliche Ideen und Inspirationen:
Achim Sawroch, Néomi Havinga, Oliver Klinkhammer, Ralf Murk, Michael „Scorpio" Mingers, Thomas Bender, Torben Hoffmann sowie all unsere Leser

Entwicklung: Marcel Gehlen und Thomas Michalski, mit Matthias Schaffrath und Sven „8t88" Flottmann

Layout: Thomas Michalski

Lektorat: Michael „Scorpio" Mingers

Cover Artwork und -gestaltung:
Tobias Mannewitz

DORP Logo: Torben Hoffmann nach einer Vorlage von Tobias Mannewitz

Innenillustrationen:
David Bezzina, Dailor, David Breen und Natasha Breen, Markus Heinen, Francois Launet, Tobias Mannewitz, Klaus Scherwinski, Tina Mertlbauer, Mia Steingräber und Melissa Uran

Zusätzliches Artwork: Thomas Michalski

Herstellung und Verlag: Books on Demand GmbH, Norderstedt

ISBN 978-3-7494-1073-6

Bei Fragen sind wir immer für euch da! Schreibt uns einfach an thomas.michalski@die-dorp.de oder besucht uns online unter http://www.die-dorp.de

Bibliografische Information der Deutschen Nationalbibliothek
Die Deutsche Nationalbibliothek verzeichnet diese Publikation in der Deutschen Nationalbiografie; detaillierte bibliografische Daten sind im Internet über http://dnb.d-nb.de abrufbar.

Inhaltsverzeichnis

Unsere großartigen Künstler

Daisy: What do you do Brian?
Brian: I'm an artist.
- **Spaced**

David Bezzina

David Bezzina ist ein professioneller Zeichner aus den Vereinigten Staaten. Er zeichnet unter anderem für Pelgrane Press, das Valkyrie- und das Warpstone-Magazine. Im Letztgenannten sind wir auch ihn aufmerksam geworden - und er war so freundlich, uns den Nerd auf S. 57 zur Verfügung zu stellen.

Mehr über sein Schaffen gibt es online unter: http://davidbezzina.com/

Dailor

Dailor ist toll. Wer in Deutschland von Webcomics zum Thema Rollenspiel spricht, der kommt nicht umhin, ihn zu nennen. Auf seiner Webseite http://lustigesrollenspiel.de/ bietet er massig lustige Cartoons zum Thema an und schon bei unserem Grundregelwerk war er an Bord. Er stellt ungefragt drei seiner Cartoons für andere Projekte zur Verfügung und so sind es diesmal die Strips auf S. 40, 56 und 79 geworden.

David Breen und Natasha Breen

Heute nicht mehr zu erreichen, hatte die Webseite http://www.movie-comics.com/ eine ganz eigene Art, Filme zu betrachten. Wir haben immer sehr über ihre Comics gelacht und freuen uns daher sehr, vier davon für das **Dorpendium** zu bekommen. Sie sind auf den S. 20, 26, 28 und 30 gelandet.

Markus Heinen

Markus ist der Hauszeichner der DORP. Seine Zeichnungen in diesem Buch sind auf den Seiten 11, 16 und 43 zu finden.

Mehr von Markus gibt es online in seiner Galerie unter http://erlkoenig.deviantart.com/

Francois Launet

Die „Unspeakable Vault (of Doom)" ist wohl eine der besten Sachen, die dem Cthulhu-Hintergrund je passiert sind. Dahinter steckt der geniale Geist des französischen Zeichners Francois Launet.

Auf der SPIEL trafen wir ihn das erste Mal und er war so nett, uns einen eigenen Comic bei sich zu widmen, der hier auch auf S. 52 zu finden ist.

Mehr von der Vault gibt es im Netz unter http://www.macguff.fr/goomi/unspeakable/

Tobias Mannewitz

Was sollen wir hier groß sagen? Tobi ist einfach der Größte. Wieder steuert er das Cover bei und begeistert damit jeden, der es sieht. Dieses Mal hat er aber sogar noch zusätzliche Innenillustrationen beigetragen, die man auf den Seiten 13, 48 und 71 finden kann. Das Bild auf der Nebenseite von uns, das hat er ja auch schon für das letzte Buch angefertigt. Mein Gott, er hat sogar die Vorlage für unser aktuelles Logo geliefert!

Wer (wie wir) von Tobis Werken nicht genug bekommen kann, schaut einmal vorbei auf http://www.tobiasmannewitz.com/

Tina Mertlbauer

Tina Mertlbauer kommt aus dem Comic-Umfeld und vollführt dort gerade große Schritte. Unter dem Namen Kitsune veröffentlicht sie bereits seit Jahren im Manga-Segment.

Vermittelt hat sie Eva Widermann an uns, die es leider nicht geschafft hat, auch selber etwas zu zeichnen. Tina aber hat die Karte auf S. 65 gezeichnet – sehr zu unserer Freude.

Klaus Scherwinski

Klaus Scherwinski zeichnet Cover, Innenillus, Comics und viele andere schöne Dinge mit einem wunderbaren Stil und ist nebenbei ein netter Kerl, um ihn auf Cons zu treffen. So nett, dass er uns auf einer RatCon und einer SPIEL jeweils eine Illus für das **Dorpendium** gezeichnet hat.

Die kann man auf S. 23 und 74 finden, mehr von Klaus gibt es auch imInternet unter http://www.klausscherwinski.de/

Mia Steingräber

Unter den aufstrebenden Zeichnerinnen und Zeichnern in Deutschland sticht Mia schon auf den ersten Blick heraus. Großartige Arbeiten bei LodlanD und DSA haben uns auf sie aufmerksam gemacht und sie war so freundlich, in allerletzter Minute noch zwei maßgeschneiderte Illus für uns anzufertigen.

Die findet man auf den Seiten 60 und 73 - wer mehr von ihr sehen will, sollte mal unter http://www.mia-steingraeber.de/ einen Blick riskieren. Einfach toll!

Melissa Uran

Unter den „alten Bekannten" findet man dann noch Melissa wieder. Die hat im Grundregelwerk schon die Regimenter bebildert und lässt unsere drei Regimentscharaktere für das Dorpendium zu neuem Leben erwachen - an einem Spieltisch auf S. 63.

Mittlerweile hat sie auch eine eigene Webseite unter http://www.melissauran.com/, die man sich auf keinen Fall entgehen lassen sollte.

tobias
mannewitz 2002

Das Vorwort der Download-Fassung

Jetzt mal ehrlich: Wer da draußen hat gezweifelt, ob wir das Dorpendium Maleficarum - Das Hexenwerk der DORP jemals fertigstellen würden? Ah, eine ganze Menge denke ich. Und nun, wer hat gar damit abgeschlossen und es zusammen mit „Duke Nukem Forever" in die Schublade der Niemals Erscheinenden gesteckt? Ja, dachte ich mir.

Nun denn, wir haben es geschafft. Es hat ein halbes Jahrzehnt gebraucht und manche irre Kurve genommen, doch letztlich liegt es nun vor. Das Dorpendium. Oh, es tut gut, das sagen zu können.

Zugegeben, unsere kleine Kurvenfahrt bringt ein paar kuriose Eigenarten mit sich. Sagen wir einfach mal, es ist - vorsichtig ausgedrückt - mutig, 2006 einen Quellenband zu bringen, der so stark auf die „Matrix"-Filme zielt, die eigentlich doch schon lange nicht mehr hip und modern sind. Aber andererseits zeugt das zumindest von einer Sache: Wir glauben noch immer das dieses Werk hier.

Das Dorpendium ist anders als das Grundregelwerk. Es ist vielleicht noch einen Zacken Pop-Kultur-basierter, es ist noch einen Zacken mehr auf erzählende Texte ausgelegt. Gerade die erste Hälfte des Buches ist mehr eine Kurzgeschichtensammlung mit Spieltipps, aber das war durchaus Absicht. Und natürlich sollte das Buch auch ein wunderbares Klischee-Quellenbuch werden mit allen Versatzstücken, die ein Quellenbuch so ausmachen. Wir hoffen, dass uns das gelungen ist. Doch noch etwas wollen wir leisten: wir wollen Leute, die DORP echt spielen, zu einem neuen Spielgefühl führen.

Wir präsentieren hier eine ganze Latte neuer Konflikte, Parteien, Kreaturen und Ereignisse, die einen eventuellen Status Quo aus dem Grundregelwerk mit Anlauf in den Mixer werfen. Leute, die Spaß am Setting haben, sollen ihn behalten, aber was Neues zu tun bekommen. Hier hoffen wir noch viel mehr, dass es uns gelungen ist.

Doch der größte Wunsch ist sicherlich, euch zu unterhalten. Wir hoffen, dass ihr das Dorpendium mit dem gleichen versonnenen Lächeln oder auch gröhlenden Lachen verkonsumiert, mit dem ihr offenbar bereits an das Grundregelwerk herangegangen seid. Zwar ist die Pop-Kultur-Dichte hoch, aber das liegt nun auch daran, dass die Rollenspiel-Szene selber so angefüllt ist mit Pop-Kultur.

Marcel und ich (Thomas) sind neulich im Chat zu einem sehr klugen Ergebnis gekommen: Die Leute, die einst das DORP-Rollenspiel veröffentlicht haben, waren nicht die gleichen Leute, die das Dorpendium geschrieben haben. Genetisch schon, aber so viel Zeit ändert so vieles.

Und noch mehr: Jene, die das Dorpendium nun veröffentlichen sind noch mal andere Leute. Fünf Jahre sind, vom Abitur an gerechnet, eine sehr lange Zeit mit sehr vielen Veränderungen. Wir haben uns verändert - doch hoffen wir, den Geist noch nicht verloren zu haben,

Es war ein langer Weg. Ob unter „Line Developer" nun gerade „Marcel Gehlen" oder „Thomas Michalski" stehen musste, schwankte von Monat zu Monat. Doch letztlich wurden alle Texte fertig, fanden wir Zeit für ein Lektorat, konnten wir es layouten und, teilweise nur Wochen vor dem Release, auch noch weitere Zeichner finden. Bei einigen hat es nicht gepasst, bei anderen hat es aus diversen Gründen nicht sollen sein - doch auch dieses Dokument ist, glaube ich, mal wieder sehr schön geworden und auch hier gilt, dass es hoffentlich den Geist der Rollenspiel-Szene auch mit den Bildern verkörpert.

Klug geworden sind wir auch noch nicht. Zumindest Marcel und ich machen weiter, Matthias wohl nicht. Doch wir wollen unsere Geschichte zu einem Ende bringen. DORP ist noch nicht vorbei - mehr dazu am Ende dieses Buches. Doch blättert nicht dorthin, lest euch dorthin. Wir haben unser Bestes getan - nun ist es an euch, darüber zu urteilen und, bevorzugt, lauthals zu lachen.

Marcel Gehlen
Thomas Michalski
Matthias Schaffrath

Vorwort zur Druckauflage 2010

Ich hätte es ja nicht mehr für möglich gehalten, das gebe ich offen zu. Wenn man mich Ende 2008, kurz bevor die Pläne aufkamen, mit der DORP „on demand" zu drucken, gefragt hätte, ob ich mir vorstellen könnte, dass das **Dorpendium Maleficarum** mal gedruckt werden würde, ich hätte gelacht.

Genau genommen kann ich sogar in einem Fall sagen, dass ich gelacht *habe*. Denn dieses Quellenbuch, man kann wohl sagen: Es ist verflucht.

Es gibt in der englischen Sprache den Begriff der „Developement Hell", der dieses Buch hier vermutlich besser charakterisiert als viele andere.

Oder, um es auf den Punkt zu bringen: Wenn die Welt generell mehr so wäre, wie die Entstehung dieses Quellenbuches, dann würde ich jetzt gleich diese Datei abspeichern, um dann drüben auf dem Fernseher *Starcraft: Ghost* auf meiner *Infinium Labs Phantom*-Konsole spielen, während ich mich dabei selber mit einer *RED Scarlet* filme. Wenn ihr versteht, was ich meine.

Schon im alten, dem nebenstehenden Vorwort bemühten wir den Vergleich zu Duke Nukem Forever. Es ist eine nette Ergänzung, hier zu erwähnen, dass nach einigen Verschiebungen das besagte Spiel jetzt Anfang 2011 erscheinen soll. Wohlgemerkt, das nebenstehende Vorwort ist zu dem Zeitpunkt, an dem ich das hier schreibe, gut vier Jahre alt.

Aber kein anderes Verhältnis spricht so sehr für die Entstehung dieses Buches wie das Rollenspiel *Aera*. Einer der Schöpfer des besagten Spieles, auf dessen Erscheinen auch zahllose Interessierte wohl bis heute warten, ist Tobias Mannewitz, der Zeichner, der uns unter anderem für beide **DORP**-Bücher das Cover, in diesem Buch aber auch Zeichnungen im Innenteil spendiert hat.

Wann immer ich Tobi auf einer Messe traf, dann witzelten wir über unsere beiden Herzblut-Projekte. Bei uns halt dieses Büchlein hier, bei ihm das besagte Grundregelwerk. Wir wetteten jedes Mal, welcher Titel wohl zuerst erscheinen werde. Und jedes Mal wetteten wir jeweils gegenseitig, indem ich auf *Aera* und er auf das **Dorpendium** tippte.

Er hat gewonnen.

Aber all das bezieht sich auf die Download-Fassung. Niemand von uns hätte sich glaube ich träumen lassen, dass das Buch einmal auf Papier gedruckt, gebunden und im Buchhandel stehen würde.

Wie schon beim vorigen Buch haben wir getan, was wir konnten, um aus einem unserer Meinung nach auch heute noch guten Download ein noch besseres Druckerzeugnis zu machen. Das Layout wurde komplett überarbeitet, eine erneute Prüfung der Texte vorgenommen und sogar eine kleine Hand voll neuer Illustrationen hat sich in dieses Buch gemogelt.

Ich verbuche es mal ebenfalls unter Ironie, dass es Tobi war, der mir mal den Tipp gab, Buch-Druckkosten klein zu halten, indem man Farbseiten gezielt in einem schwarzweißen Buch unterbringt, um den Band zugleich bunt und kostengünstig zu halten. Genau das ermöglicht die Farbseiten in diesem Quellenbuch wie auch im Grundregelwerk.

Ansonsten ist es aber auch das gute, alte **Dorpendium** geblieben. Es war nicht unsere Absicht, das Rad neu zu erfinden. Wir wollten, ebenfalls wie schon beim Grundregelwerk, einfach nur die bestmögliche Version eines ohnehin bereits gemochten Titels präsentieren.

Ob es uns gelungen ist? Schreibt uns, denn über Feedback freuen wir uns immer!

Eine Frage muss an dieser Stelle, in diesem Buch, allerdings unbeantwortet bleiben: Wann kommt **Format: DORP**?

Es ist der epische Abschluss der Trilogie um die Nerdisierung der Menschheit. Wir wissen im Grunde sogar, worum es darin gehen wird, wie das Buch aufgebaut sein wird. Aber die Frage ist, wann wir dazu kommen werden...

Vielleicht ist dies aber auch der ironische Zirkelschluss dieses Vorwortes? Denn Grundregelwerk wie Quellenbuch des DORP-Rollenspiels sind bewusst so „typisch" für ihre Gattung, wie möglich. Wäre ein nie veröffentlichter, letzter Band es nicht auch? In etwa so wie *WFRP: Empire in Chaos*?

Es wäre typisch. Aber wir wollen's nicht hoffen!

Thomas Michalski,
Aachen, Oktober 2010

Präludium

But if you come to me
with your friendship, your loyalty,
then your enemies become my enemies,
and then, believe me, they would
fear you...
- Don Vito Corleone, „The Godfather"

Es war eine dunkle Nacht, in der die schrecklichen Ereignisse, welche das Antlitz unserer Erde womöglich auf immer verändern werden ihren Anfang nehmen sollten. Eine Welt, die sich ohnehin bereits am Abgrund befand, eine Welt, in der Serien wie „Firefly" oder „Tru Calling" nach einer Staffel abgesetzt werden, während pausbäckige Musikproduzenten aus einem Kabinett schrecklich mutierter Kuriositäten Superstars züchten und sich mit Möchtegernliteratur eine goldene Nase verdienen können. Doch war es diese Nacht, in der diese traurigen Welt schließlich über den Rand der Schlucht gestoßen wurde und nun einem sowohl harten wie auch vermutlich tödlichem Aufprall entgegentrudelt. Und es begann nicht in Washington. Es begann nicht in Moskau. Es begann in Schleiden.

Eine blasse, schwarz gekleidete Gestalt hockte vor ihrem PC, es flimmerten seltsame, unaussprechliche Namen über den Bildschirm. Mit nervösem Zittern kramte die Gestalt noch eine 0.5l Flasche Pepsi hervor, trank einen Schluck und nickte mit ernster, ermatteter Miene dem Monitor zu, als sich plötzlich hinter ihr die Zimmertür öffnete. „Thomas?", fragte leicht zögernd eine weibliche Stimme.

Die Gestalt fuhr auf ihrem Schreibtischstuhl herum und gab nur ein „Mama! Wie sollst du mich nennen?" von sich. Die Frau seufzte und sagte mit entnervt verdrehten Augen: „Da ist Besuch für dich, Seele der Schar. Irgendjemand der sich Caput7 nennt."

Er meint es wäre wichtig." „Lass ihn rein."

Caput ist ein ganz normaler Rollenspieler. Er neigt dazu schwarze Klamotten zu tragen, hat sich die Haare auch passend dazu pechschwarz gefärbt, damit er blasser erscheint, als er eigentlich ist.

Natürlich trägt er auch ein paar coole Anhänger um den Hals. WoD-Merchandise. Und Ankhs.

Zögerlich und mit leicht verstörtem Blick betrat er das Zimmer und sah zum ersten Mal bewusst ein Mitglied des Triumvirats, auch wenn die Seele nicht im Traum daran dachte, das Licht anzumachen. „Seele der Schar?", fragte Caput7 leicht eingeschüchtert, „Ich muss euch um einen Gefallen bitten." „Jupp, setzt dich erstmal. 'ne Pepsi?" „Nein, nein Danke. Es ist wirklich wichtig. Ich brauche eure Hilfe." „Dann eben nicht."

Caput7 war irritiert: „Wie nicht?" „Dann eben keine Pepsi", antwortete die Seele, „aber erzähl doch erstmal von Anfang an." Caput7 atmete einmal tief durch, dann fing er an zu erzählen:

„Meine Spielgruppe und ich, wir waren vorletztes Wochenende auf einer Con, ich hatte die Gruppe nur mal kurz aus den Augen gelassen, um in der Grabbelkiste des Engländers auf Schnäppchenjagd zu gehen, als ich aus dem Augenwinkel beobachtete, wie sie von einem fetten Typ, in einer schreklichen weißen Robe, der sich auf seinen weißen, mit schwarzem Tape geflickten Stab lehnte und zu allem Überfluss noch einen falschen weißen Bart trug, angequatscht werden. Soweit dachte ich mir nichts dabei, solche Typen laufen auf Cons ja überall rum. Kurze Zeit später kam einer meiner Jungs zu mir und meinte sie würden mit dem Typen eine Runde MERS spielen. Das war das letzte Mal, dass ich einen von ihnen gesehen habe.

Sie sind vom Erdboden verschluckt."

„Und was möchtest du jetzt von mir?", fragte die Seele mit gelangweiltem Blick.

„Ich möchte, dass ihr sie wiederfindet."

„Geh' zur Polizei, die ist zuständig für sowas."

„Da war ich schon, die können mir nicht helfen."

„Aber ich soll dir helfen, ja?"

„Ja."

„Warum sollte ich das tun? Du hast seit Jahren nicht mit mir gesprochen, obwohl wir keine 20 Minuten von einander entfernt wohnen, stets hast du mich gemieden und dich wie die anderen über mich und und meine Freunde lustig gemacht, um selber nicht ausgelacht zu werden und jetzt soll ich dir helfen?"

Caput7 standen die Tränen in den Augen: „Es tut mir Leid, es tut mir alles so Leid. Wie kann ich es nur wieder gut machen?"

„Ich erwarte nicht viel, aber etwas Respekt. Und Respekt hast du mir nie gegeben."

Caput7 fiel auf die Knie sprach mit zitternder Stimme: „Ich respektiere Euch, mein Freud, mein Anführer ... meine Seele. Nur ihr und die DORP haben eine Chance Dr. Nerdoc zu finden."

Bei dem Namen Dr. Nerdoc weiteten sich für einen Moment von Caput7 unbemerkt die Augen der Seele, doch sie fand schnell ihre Fassung wieder und versuchte nun das Gespräch so schnell wie möglich zu beenden: „Gut, ich werde mich darum kümmern, ich werde meine besten Männer aussenden."

Bei diesen Worten ging wie von Zauberhand das Licht an und Caput7 bemerkte zum ersten Mal, dass noch drei weitere Gestalten im Raum waren: Auf der Couch saßen drei obskure Gestalten in Cyberknight-T-Shirts. Allen gemein war, dass sie eine dicke Brille trugen, wobei es sich bei einer um eine X-Ray-Brille handelte, ein anderer war gerade fasziniert damit beschäftigt, den Propeller auf seiner quitschbunten Kappe in Bewegung zu halten, während der Dritte und einzig fettleibige der Drei verzweifelt versuchte, das verschluckte Gamecube-Pad wieder aus seinem Hals zu ziehen.

Untermalt wird die Szenerie von einem sonoren „Dumm-Dumm" aus den Lautsprecherboxen des PC und der Bildschirmschoner verkündet bedeutungschwanger: The time has come.

Über dieses Buch

„- Grandfather, tell my a story!
- Alright, go and get your storybook.
- No, no, not one of those, a real story!"
- aus Warriors Prayer von Manowar

Hier ist er also. Der erste hochoffizielle Quellenband zum DORP-Rollenspiel. Fantastisch. Wie konnte man die letzten Jahr nur ohne ihn leben? Und was zur Hölle macht man damit, jetzt wo man ihn hat?

Nach dem Konsum unzähliger Quellenbücher, manche gut, mache eher nicht, haben wir uns natürlich auch gefragt: Was braucht ein Quellenbuch? Wie kann es das Spiel und die Spielwelt sinnvoll erweitern, ohne dass jeder gleich schreit, die Informationen hätten alle schon ins Grundbuch gehört. Direkt nachdem das Regelwerk fertig war, hatten wir natürlich den Kopf noch voller kranker Ideen, die wir alle noch verwirklichen wollten, die aber nicht zwingend in das Grundregelwerk gemusst hätten.

Es war sogar im Gegenteil manchmal besser, dass wir Sachen ausgespart haben, damit des Regelwerk einfach runder wirkt und nicht willkürlich zusammengepuzzelt. Es sollte eben ein Ganzes sein und nicht nur die Summe von Teilen. Es stand für uns also außer Frage, dass wir einen Folgeband veröffentlichen würden und als das Spiel online war und sich eine kleine, aber feine Leserschaft fand, trat auch der ein oder andere an uns heran und meinte, er hätte da noch eine coole Idee, die sich ganz gut machen würde.

Es freut uns natürlich sehr, wenn Leute durch unser Werk in irgendeiner Form inspiriert werden und wir sind auch stets offen für Vorschläge und Ideen, aber im Laufe der Zeit wurde so der Inhalt für das **Dorpendium** immer mehr und wir waren wieder dazu gezwungen zu sieben. Was übrig bleibt ist ein Quellenbuch, das den Spagat versucht, allen etwas zu bieten und dies hoffentlich auch schafft.

Da wäre zum einen der Metaplot. Nicht erschrecken, es ist ein begrenzter Plot, der auch nicht erst in 20 Jahren endet, schließlich war unser Werk ja von Anfang an als Trilogie ausgelegt und so wird es genau drei Bücher geben. Ok, vielleicht brauchen wir trotzdem 20 Jahre. Wir möchten also eine Geschichte erzählen, die uns persönlich am Herzen lag und mit der wir versuchen nicht nur zu unterhalten, sondern, wenn man mal etwas zwischen den Zeilen liest, auch durchaus etwas zum Nachdenken anzuregen. Sicherlich kein Meilenstein der Philosophie, aber vielleicht ein kleiner Denkanstoß.

Jetzt stellte sich für uns die Anschlussfrage wie wir unseren Metaplot darlegen sollen, denn ihn als Roman herunterzuschreiben wäre für uns zwar mit Sicherheit sehr lustig geworden, aber ihr hättet damit im Sinne des Rollenspiels wohl nur sehr wenig anfangen können. Also bastelten wir in einer durchwachten Nacht auf dem RatCon unseren Metaplot erst zusammen ... und nahmen ihn danach wieder auseinander. Klingt unsinnig? Ist es aber auf den zweiten Blick nicht.

Wir nahmen die Eckpfeiler unsere Plotes, die wichtigsten Elemente und kapselten sie. Dies bedeutet für euch Folgendes: In den nächsten Kapiteln werden wir für unseren Metaplot wichtige Abschnitte beschreiben, die alle inhaltlich bereits miteinander verknüpft sind, die aber auch alle einzeln als Szenarioangebot bestehen können.

Wenn sich also jemand sagt: „Das ganze ist ja witzig zu lesen, aber DORP spielen? Kann ich mir nicht vorstellen..." so kann er sich bei einer Tasse Earl Grey (heiß) zurücklehnen und gemütlich die nächsten Seiten lesen, die letzten Abschnitte jedes Kapitels überspringt er dann einfach.

Andere dagegen mögen denken: „Metaplot? Da pfeif ich drauf, ich will reelle verwertbare Informationen für meine Spielgruppe!" Und auch diese Zeitgenossen wollen wir versorgen, sie können dann jedes einzelne Modul durchlesen und schauen, ob das dort Beschriebene für sie tauglich ist. Wer dieses Buch so liest, den dürften natürlich gerade die letzten Abschnitte jedes Kapitels interessieren, in denen darauf eingegangen wird, wie man das eben Gelesene in seine Spielrunde einbauen kann; inwiefern ihr dann natürlich mit unserem Metaplot kollidiert, sollte dabei egal sein, dieses Spiel ist ebenso eures wie unseres.

Wir zeigen euch nur wie wir „spielen" und versuchen euch Ideen zu liefern, wie ihr spielen könnt. Wir wollen euch keinesfalls unsere Sicht der Dinge aufzwingen.

Dieses Buch ist lediglich eine Ansammlung von hoffentlich amüsant zu lesenden Angeboten.

Doch auf eine Gruppe von Quellenbuchkäufern sind wir noch gar nicht eingegangen, die Gruppe die beim Kauf eines solchen immer schreit „Hussa! Gebt mir Zeug!"

Natürlich sollen auch diese nicht leer ausgehen und so wird sich ein ganzes, riesiges, tiefergelegtes und natürlich extra cooles Kapitel den „Crunchy Bits" wiedmen. Also tausend tolle Sachen. Wenn das mal nichts ist.

Rollenspieler die über dermaßen ausgelebtes Powergaming (hier im klassischen, pejorativen Sinne zu verstehen...) erhaben sind, steht das natürlich frei das Kapitel naserümpfend zu überblättern.

Und jetzt viel Spaß beim Lesen.

Cyberknights Die!

We ride together.
We die together.
Bad Boys for life.
- Mike Lorey, Bad Boys II

Die Bothan-Spionageeinheiten der DORP hatten gute Arbeit geleistet. Nur wenige Stunden nachdem Caput7 die Seele der Schar höchstselbst um Hilfe gebeten hatte, waren die Koordinaten von Dr. Nerdocs geheimen Unterschlupf gefunden:
Eine kleine Insel in der Nähe von Costa Rica.

Das elitäre Cyberknighttripple sollte mit einem Hubschrauber auf 100km an die Insel herangeflogen werden, wo sie ins Wasser abgelassen würden und sich mit einem Schlauchboot auf 10km näherten, um den Rest schließlich tauchenderweise zu überwinden. So weit die Theorie. In der Praxis funktionierte zumindest der Teil mit dem Hubschrauber noch hervorragend. Die Probleme begannen als die Cyberknights im Wasser landeten.

Zunächst fiel ihnen auf, dass sie ihr Schlauchboot vergessen hatten. Als sie den Hubschrauber anfunken wollten merkten sie, dass sie auch ihre Funkgeräte nicht dabei hatten. Doch was ein wahrer Cyberknight ist, hat immer einen Plan B für den Fall, das Plan A scheitert ... und das tut er immer. Also schwammen die drei zu einer näher gelegenen Insel als ihr Zielobjekt, um sich dort ein Floß zu bauen. Was sie nicht wussten: Auf dieser Insel gab es Kannibalen.

Ihr Erstaunen von atemberaubend hübschen Inselschönheiten, nur mit Baströcken und Blumengirlanden bekleidet, empfangen zu werden war zwar recht groß, ihren gesunden Menschenverstand hatten sie allerdings ob dieser Anblicke längst ausgeschaltet, leisteten dem Aufruf der Frauen zum Nacktbaden ohne zu zögern Folge und sprangen ihnen hinterher in den riesigen auf einer Flamme stehenden Kessel.
Dumm nur, dass sie von einem Haufen Wilder mit Speeren daran gehindert wurden ihn wieder zu verlassen, ganz im Gegensatz zu den Frauen. Während

die Cyberknights also darauf warteten im Kessel gar gekocht zu werden untersuchten die Kannibalen ihre Rucksäcke. Als diese schließlich einen Gameboy fanden und aus Versehen einschalteten, deuteten sie die piepsende kleine Kiste als Zeichen der Götter und erklärten die Cyberknights zu ihren neuen Häuptlingen. Die alten Häuptlinge wurden gemäß der Tradition verspeist. An dieser Stelle kürzen wir die Ereignisse, die mit einer Vulkanfeuerprobe, Kämpfen gegen Wilderer und Dinosaurier von den Nachbarinseln sowie einem aufdringlichen, tuntigen Piratenkapitän zu tun haben ab und kommen wieder zum Wesentlichen:
Es gelang unseren Helden ein Floß zu beschaffen und sich der Insel des Dr. Nerdoc zu nähern. Vier Wochen nachdem sie im Wasser abgeworfen wurden erreichten sie ihr Ziel, womit sie noch voll im Zeitplan der anderen Regimenter lagen.

Es ist wohl alleine Dr. Nerdocs Größenwahn zu verdanken, dass sie sein Lager direkt aufspüren konnten, hatte er doch, wenig subtil, einen riesigen schwarzen Turm errichtet, der von teils unterirdisch liegender Steampunkindustrie umgeben war, in der er irgendetwas baute oder züchtete. Nun, da der geheime Unterschlupf gefunden war, musste man sich also an den zweiten Teil der Mission machen:
Die Befreiung der Geiseln und vollständige Vernichtung Dr. Nerdocs.

Zu diesem Zwecke schlichen sich unsere tapferen Helden in den Turm, wo es dann zum ersten Mal zu Unstimmigkeiten zwischen ihnen kam:
„Ich sage nach unten! Das hier ist ein klassischer Dungeon und da geht es immer nach unten, da sind die Gefangenen und der Dungeonkeeper."
„Ich sage nach oben, in Filmen gehen Sie auch immer nach oben und das war für den Plot immer wichtig."

„00100101000101001010010100101010010101
0101010101010101010101010101"

„Sprich wenigstens Hexadezimal, das dauert nicht
so lange!"

„Aber er hat recht."

„Halt's Maul!"

Während unsere drei Helden sich also darüber
stritten ob es nun aufwärts oder abwärts gehen sollte,
hörten sie plötzlich ein allzu bekanntes Geräusch.Erst
war es weit weg, doch dann kam es immer näher und
wurde immer lauter und schließlich gab es keinen
Zweifel mehr: Sie hörten das rollende Herannahen
von Skateboards!

HeyJos! Aber was sollten HeyJos an einem Ort
wie diesen suchen? Die Zeit über diese Frage lange
nachzudenken hatten die Cyberknights nicht, denn
schon hatten die Skateboardfahrer sie erreicht und
umzingelt. Doch was sie erblickten waren keine
HeyJos. Es war der ekelerregendste und zugleich
furchteinflößendste Anblick, der sich ihnen jemals
offenbarte: Es waren Nerds!

Doch keine normalen Nerds. Diese Nerds trugen
BaggyPants und setzten ihre Kappen falsch herum
auf, einige von ihnen trugen zwar noch ihre weißen
Hemden oder Rollenspielershirts, andere aber
bekundeten mit Aufschriften wie „Tupac 4ever"
ihre Zuneigung zu Rap- und HipHop-Musik. Ein
wahrer Alptraum!

Aus der Masse dieser Höllenkreaturen trat ein
scheinbar ganz normaler Nerd auf die Cyberknights
zu: Er war übergewichtig und trug einen billigen
Baumwollpullover, darauf eine dicke Winterjacke,
natürlich alles in schwarz. Seine Nase zierte die
obligatorische Brille und er richtete seine leicht
quakende Stimme an das Tripple: „Mein Name
ist Skirt und ..." doch weiter kam er nicht, denn
er wurde jäh von den dem schallenden Gelächter
der Cyberknights unterbrochen, die sich vor lauter
Amüsement auf dem Boden wälzten.

„Du heißt Skirt? Nicht im Ernst, oder? Skirt wie
Damenrock?"

„Und die anderen hier hängen dann wohl an
deinem Rockzipfel."

„Yeah! Let's Rock'n Roll!"

„0101011010101000101010100010101001010101
0100101010."

Zornesröte fuhr Skirt ins Gesicht, in seinen Augen
spiegelte sich blanker Hass, während die Cyberknights
weiter einen dummen Spruch nach dem nächsten aus
dem Hut zogen. Langsam fingen auch die übrigen
an sich über ihn lustig zu machen bis er schließlich
ausrastete: „Haltet ihr drei Vollidioten jetzt Mal die
Schnauze! Falls es euch noch nicht aufgefallen ist, ihr
seid die Gefangenen! Meine Gefangenen! Ich kann
mit euch tun und lassen was ich will!"

Einen Augenblick herrschte eisige Stille. Die
Cyberknights standen wieder auf und versuchten
angestrengt Skirt nicht weiter auszulachen.

Vergeblich. Schon bald krümmten sie sich wieder
vor Lachen, was Skirt endgültig zur Weißglut trieb:
„Es reicht jetzt! Vernichtet sie. Bis auf den Letzten."

Bei diesen Worten endete das Gelächter abrupt.

Das letzte bisschen Farbe wich den Cyberknights
aus den Gesichtern und der mit der Propellerkappe
sprach mit betroffener Mine: „Das ist jetzt aber
nicht mehr lustig." „Das soll auch gar nicht lustig
sein ihr Deppen," brüllte Skirt ihn an, „ihr seid tief
im Feindesland gefangen genommen worden, was
erwartet ihr? Ein Buffet?"

„Kriegen wir eins?"

„Es reicht!"

Die Uber-Nerds begannen unruhig zu werden,
rutschten nervös mit ihren Skateboards vor und
zurück, letztlich fielen sie über das Tripple her!

Doch so einfach wollten unsere Helden es ihnen
nicht machen, sie zündeten eine mitgebrachte
Stinkbombe, die ihre Gegner lange genug ablenkte,
dass sie sich aus der Menschenmenge entfernen
konnten. So schnell sie konnten, also ziemlich
langsam, rannten sie den Gang entlang zur nächsten
Abzweigung, wo sie einen Moment verschnauften
als sie auch schon wieder das tödliche Geräusch
herannahender Skateboards vernahmen.

„Wir können nicht ewig fliehen! Wir müssen
einen Weg finden sie zu bekämpfen!", keuchte der
Hagere mit der Röntgenbrille, worauf der Dicke mit
entschlossener Mine in seinen Rucksack griff und mit
den Worten „0101011010100010101010101010
01!" eine Pistole zutage förderte, mit der er wieder

15

um die Ecke sprang. Die anderen beiden blieben verblüfft zurück.

„Ich wusste gar nicht, dass er eine Waffe hat."

„Ich wusste nicht, dass er überhaupt mit Waffen umgehen kann."

Plötzlich vernahmen sie zwei Schüsse, dann wurde es einen kurzen Moment lang still, bevor sie wieder die Skateboards hörten. Vorsichtig lugten sie um die Ecke. Auf dem Boden lag der Leichnam ihres Freundes.

„Offensichtlich konnte er nicht mit Waffen umgehen."

„Aber wie hat er es geschafft sich DA zu treffen?" Ungläubig verharrten sie noch einen Moment. Zu lange. Die Skateboards hatten sie erreicht. Einer der Uber-Nerds hob die Waffe auf und richtete sie auf die verbliebenen Cyberknights.

„Verdammt! Tu was, er wird uns erschießen!" „Ja... Moment... ich hab's!" Entschlossen reckte einer der Beiden dem Uber-Nerd seinen ausgstreckten Arm entgegen und schrie: „Time Freeze!"

„Meinst du wirklich, das funktioniert?", flüsterte der andere ihm zu.

„Bestimmt!"

BOOM! BOOM! BOOM!

MARKUS HEINEN 02007

16

Die Zeit der Abrechnung

„Was hängt an der Wand macht tick tack wenn die Uhr runter fällt ist sie kaputt"
- Helge Schneider, Was hängt an der Wand

Die frühe Morgensonne erhob sich langsam und quälend über den Horizont, ihre grellen, orangen Strahlen schleppten sich über die Welt und vertrieben den Schatten. Die Vögel auf jenem Eiland, welches Dr. Nerdoc zur Zucht seiner Abnormitäten nutzte, hatten mit dem Singen noch nicht begonnen, getrieben von einer Mischung aus Faulheit und der Angst, von einem der Uber-Nerds gesichtet und verspeist zu werden. Leise schlugen die Wellen gegen den zarten Sandstrand und die vereinzelten Felsen, die entlang der Meereslinie aus dem karibikgrünen Meer ragten.

Doch plötzlich – unvermittelt – drang ein tiefes Röhren durch die Lüfte. Einem brunftigen Hirsch gleich, zumindest sofern dieser Hirsch über eine Dolby Digital-Anlage mit aktivem Subwoofer zur Verstärkung seines Stimmorgans verfügt hätte, erhob sich eine fremdartige, metallische Masse aus den nun wogenden Fluten. Kantig. Eckig. Aus Stahl. Und in einem kräftigen Rot, wie es nur das Triumvirat zu führen wagte.

Mit einem lauten Knattern beendete der stählerne Koloss seine Todesfahrt, gab eine letzten Knall von sich und ruhte nun dort. Mit dem leisen Schmatzen einer Dichtung, die sich von Metall löst, öffneten sich drei Pforten entlang des stählernen Ungetüms, welches nun, dämonenhaft, auf vier großen, schwarzen Reifen ruhte.

Noch immer flutete das Wasser herab und weichte den Sand rund um das Fahrzeug auf. Die drei Gestalten jedoch, die sich elend langsam, wie in Zeitlupe, davon entfernten, waren trocken und wirkten schlicht erhaben.

„Seht ihr, ich habe euch gesagt, die Kiste fährt selbst durchs Meer." entfleuchte es der Seele der Schar.

„Ja richtig, nur so langsam wie du gefahren bist, wundert es mich, dass die Insel noch immer hier ist. Ich konnte ja fast aussteigen und gehen!" entgegnete baniWebhamster.

„Das war notwendig, aufgrund der Beschaffenheit des Bodens!" entgegnete die Seele, wurde aber von einem „Das seh' ich aber anders..." des Drooling Chaos unterbrochen.

Niemand schien weiter auf diesen Einwand eingehen zu wollen und so machten sie sich auf den Weg...

Die Insel zu überqueren erwies sich nicht als schwierig. Zumindest die breite Schneise der Verwüstung deutete darauf hin, dass die entsandten Cyberknights in der Tat diese Route genommen hatten. Reines Brandland.

„Deine Jungs..." murmelte die Seele der Schar.

„Immerhin tun sie was, das ist immer noch besser als Nichtstun..." murmelte baniWebhamster.

„Das seh' ich aber anders..." ertönte es vom Drooling Chaos.

Doch diesmal wurde er jäh unterbrochen, denn auch an das Ohr des Triumvirats drang jenes seltsame Surren, welches sich bald erklären ließ, als eine große Gruppe Monstrositäten, halb Nerd, halb Hey-Jo, ihnen auf Skateboards entgegen rast kam.

Sofort schritten die drei Eindringlinge auf die nahenden Kreaturen zu. Der Webhamster warf sich zunächst sieben Tafel „Zartbitter" ein und schleuderte sich ihnen dann entgegen, zappelte wie wild um sich und mähte durch ihre Reihen, dass es, verfilmt, mit einer in Zeitlupe um die Kämpfenden kreisenden Kamera, nur beeindruckend gewirkt hätte.

Die Seele war Zivi gewesen. Wie durch Zauberhand brachte er einen stabilen, roten Koffer aus seinem Mantel zum Vorschein und schlug ihn vor sich in den Sand. Die Skateboards nahten ohne Gnade, doch dem resignierten Geist der Seele der Schar war das egal. Schnappend öffneten sich die schwarzen Verschlüsse des Koffers, versperrten den Uber-Nerds die Sicht auf das, was dort zum Leben erweckt wurde – bis es zu spät war. Mit dem röhrenden Ton eines Zweitacktmotors schwang er ihnen ein Gerät entgegen, das wir eine Mischung aus kleiner Kettensäge, Schraubenzieher, Industriestaubsauger und Fernsehfernbedienung aussah. Was es mit den nahenden Feinden machte, kann man mit Worten nicht ausdrücken, doch als der Benzingeruch vergangen war, war auch von den Kreaturen keine mehr übrig.

Das Drooling Chaos rührte sich zunächst überhaupt nicht. Dann jedoch, als die herannahenden Feinde einer kleinen Erhebung nahe waren und ihm finster auf ihren Skateboards entgegen starrten, hob er die Stimme: „Euch ist schon klar, dass das so nicht geht?

Ihr fahrt Skateboards. Ihr seid dicke Menschen, umgerechnet kann euer Wert in „Sportlichkeit" nicht über dem eines generischen Baumstumpfs liegen. Trotzdem kommt ihr da aus dem Unterholz. Das hat einen Geländemalus von „-8", zusammen mit eurer Sportlichkeit solltet ihr das nie geschafft haben. Und jetzt? Jetzt? Jetzt kommt ihr hier über den weichen Sand gefahren, solltet mit den Rädern eurer Boards, Härtegrad 6, längst eingesunken sein, und fahrt auch noch auf diese Erhebung, Klasse 2, zu? Das ist eine Probe, die könnt ihr nicht schaffen!"

Und als habe die Realität seine Ausführungen gehört, verwandelten sich die fahrenden Uber-Nerds zunächst in fallende Uber-Nerds und was blieb, war ein unentwirrbares Chaos aus verknoteten Armen und Beinen.

Wäre sonst jemand in Hörweite gewesen, wären noch einige panische Schreie wie „Ah – sie sind überall!" und „Ah, er hat eine Waffe!" an sein Ohr gedrungen ... so allerdings kehrte kurz darauf wieder vollkommene Stille ein.

Der Turm Nerdocs war leicht zu finden – er war ja das einzige Gebäude auf der Insel.

Zyklopenhaft ragte er nachtschwarz in den noch immer orange glühenden Himmel der frühmorgendlichen Karibik, als das Triumvirat das karge Umland betrat. Wie ein Pfeiler der Verderbnis ragte er auf, doch verdorben wirkte auch jene kleine Gestalt, die sich vom Tor aus näherte. Ein normaler Nerd, wie es schien. Skirt, wie das Triumvirat wusste.

„Hey ihr, stehen bleiben." fauchte es aus dem breiten, bärtigen Mund.

„Wir möchten mit Dr. Nerdoc sprechen." sprach die Seele, begleitet von einer albernen Handbewegung.

„Ihr kommt hier nicht vorbei!"

„Du wirst uns jetzt zu Dr. Nerdoc bringen." setzte sie fort; wieder die Handbewegung.

„Dir ist schon aufgefallen, dass der „Star Wars"-Kram nicht funktioniert?" tönte es vom Chaos, doch ehe die Seele darauf antworten konnte, hatte der Webhamster Skirt zu Boden gezappelt.

So standen sie da. Zwei langhaarig, einer nicht. Zwei bärtig, einer nicht. Zwei Informatiker, einer nicht. Und jeder der dies sah, wusste, dies ist das Triumvirat.

„DR. NERDOC!" ertönte es aus allen drei Kehlen gleichermaßen finster am Fuße des Turms, und die verbliebenen Uber-Nerds ließen sie passieren, bis sie letztlich den geheimen Thronsaal des irrsinnigen Doktors erreichten.

Dort saß er. In ein weißes Gewand gehüllt, stilistisch irgendwo zwischen Arztkittel und Magierrobe, uninspiriert eine Katze auf seinen Beinen streichelnd.

„Ah, das Triumvirat ... ich habe euch erwartet..." sprach er, mit kieksender und doch imposanter Stimme, erhob sich aus seinem Thron und schritt auf sie zu.

„Es endet, heute Morgen!" tönte es vom Triumvirat, Nerdoc jedoch lachte nur.

„Ihr glaubt doch nicht im Ernst, dass ihr durch eigene Kraft hierher gelangt seid, oder? Nein ... ich habe euch zu mir vordringen lassen, um euch meinen teuflischen, durchtriebenen und boshaften Plan noch zu erläutern.

Wie es offensichtlich war, waren die Entwürfe von Mutter Natur stets fehlerhaft gewesen. Seht euch die Welt an. Deppen die auf Skateboards durch die Gegend fahren und kaum gerade sprechen können auf der einen Seite, Deppen in bunten Klamotten, die zwar mal geradeaus sprechen konnten, dies aber in selbst geschaffenen Universen verschwenden auf der anderen Seite. Schwache Geister in schwachen Körpern. Ergo ... war die gesamte Welt als ‚fehlerhaft' zu klassifizieren."

„Solltest dann nicht du auch ein Teil dieser fehlerhaften Welt sein?"

„UNTERBRECHT MICH NICHT!" schoss es aus dem Mund des irren Wissenschaftlers. „Ich, im Gegensatz zu euch, habe wahre Erleuchtung gelangt. Es ist ein Miteinander, ein Fusionieren der

Gegensätze, die Kombination von Alpha und Omega, von Plus und Minus, von..."

„Skip to the end."

„...von beiden Parteien. Um das perfekte Wesen zu Erschaffen. Oder, um es in euren bescheidenen Worten zu sagen, halb Hey-Jo, halb Nerd, mächtiger als beide!"

„Eine solche Einigung kann es nicht geben!"

„Mit dieser Armee werde ich bald in der Lage sein, meine Insel zu verlassen und aufs Festland zurückzukehren. Das gemeine Volk wird in seinem Geiste erweitert und die Nerds dieser Welt werden meinen Zielen entgegen gelenkt, und das alles unter meinem Kommando!

Und niemand, NIEMAND kann mich mehr aufhalten! Niemand!"

Für einen Moment herrschte tatsächlich Stille.

„Ähm, Nerdoc? Wir sind noch da..."

„Oh ja, ihr. Ha, Nichtsnutze! Nerds sind, wie ganz offensichtlich ist, keine perfekten Wesen. Ergo seid ihr das auch nicht! Ihr könnt, und ihr werdet, mich nicht aufhalten! Würmer!"

Wieder brach er in irres Gelächter aus, doch dieses Mal erstickte er fast daran, als er die ernsten, gefühllosen Mienen des Triumvirats sah (außer dem des Webhamsters natürlich; der grinste).

„Genehmigung gemäß Cromwell-Abkommen erteilt. Bannsiegel 3, 2 und 1 aufheben. Beginne mit partieller Freisetzung." klang es aus dem Mund des Hamsters.

„Releasing Controll Art Restriction system to level one. Limited Release approval is confirmed." klang es aus dem Mund der Seele.

Und „Kots kot-se uskutsuchin daihi chiho keiho. Keo kente kaicho sonhe heitski" klang es aus dem Mund des Chaos. Oder so.

Blitz und Donner fuhren nieder, obwohl keine Wolken am Himmel zu sehen waren. Ein kalter Sturm brach aus, wie aus dem Nichts, als das Triumvirat langsam in einem roten Glühen aufging.

Und Nerdoc sah, was sie getan hatten, erkannte ihre Tat.

Sie hatten Nerdor gerufen.

Und Nerdor hatte geantwortet.

für den SL:
kann man das spielen?

Eine konkrete Umsetzung der vorliegenden Geschichte am Spieltisch ist schwierig. Das Triumvirat handelt hier selbst und für die Entwicklung unserer Hintergrundgeschichte ist das Auftreten sowie die Entfesselung Nerdors, auf die das nächste Kapitel eingeht, immens wichtig.

Interessant für eine Umsetzung am Spieltisch kann aber die hier vorkommende Gestalt des Dr. Nerdocs sein:

Dr. Nerdoc

„The homo formally known as Jojo is no more. From this day forward, I shall be known as Mojo Jojo! For too long, apes and monkey have been under the thumb of man. Now the time has come to oppose that thumb and take hold of what is rightly ours! THE WORLD!"
- Mojo Jojo, The Powerpuff Girls Movie

Es gibt viele Theorien darüber, warum Dr. Nerdoc so wurde, wie er ist: ein verrückter Wissenschaftler, ein irres Genie. Keine dieser Theorien konnte allerdings jemals wirklich stichhaltig belegt werden.

Es gilt allerdings als sicher, dass er einst ebenfalls ein Nerd war. Doch die Frustration über die Willkür, mit der Spieleentwickler und DVD-Hersteller mit seinen Idolen umgingen, trieb ihn mehr und mehr zur Verzweiflung.

Doch dann, eines Tages, kam ihm die perfekte Idee, um dies zu ändern. Wäre er Herrscher der Welt, dann würde man da sicherlich etwas dran ändern können. Doch zunächst einmal brauchte er Geld, denn geheime Karibikinseln, Schergen und nicht zuletzt einige großflächige Fernseher würden schon beträchtliche Mengen Geld verschlingen.

Er organisierte sich eine Stelle in der Firma XS1, die Pornofilme aus den Achtzigern digitalisiert (eine selbst bei schlechtester Konjunkturlage niemals gefährdete Agentur) und legte dort den Grundstein für sein Imperium.

Das Gerücht, dass er dort auch einen ersten Kontakt mit dem fliegenden Wichser (vgl. S. 54) hatte, bleibt unbelegt. Sicher aber ist es, dass er während dieser Zeit auch seinen ewigen Handlanger Skirt kennen lernte.

Gemeinsam ersteigerten sie sich über eBay eine Insel und errichteten dort ihre Basis. Ihr diabolischer Plan: eine Kreuzung zwischen Nerds und Hey-Jos zu schaffen. Denn es war ganz offenkundig, dass beide Ausprägungen des Homo Sapiens ihre massiven Fehler hatten – die Stärken beider vereint dagegen sollten eine schier unüberwindbare Armee darstellen.

Doch das Verschwinden von immer mehr Nerds aus den örtlichen DORP-Clubs sowie einige mehr oder minder geschickte Ermittlungstruppen der Cyberknights führten die DORP letztlich zu Nerdoc, was zu den Ereignissen führte, die das **Dorpendium** eröffnen.

Die Insel des Dr. Nerdoc

Wenig ist bekannt über die Zuflucht des Dr. Nerdoc. Man weiß, dass er auf einer Karibikinsel haust und von dort aus Angst und Schrecken verbreitet. Diese Insel, so weiß man, liegt 40.000 Meilen nördlich. Man weiß nur nicht, wovon.

Sicher ist dagegen, dass er in einem hohen Turm aus schwarz angemaltem Elfenbein in der Mitte lebt.

Dort hat er sich mit Skirt verschanzt und entsendet seine irren Truppen in die Welt, jederzeit bereit, eventuell auftauchenden Feinden seinen aktuellen Plan in größtmöglichem Detail zu schildern.

Sein Klonprogramm hat nicht nur die grausamen Kreationen zwischen Nerd und Hey-Jo geschaffen, sondern auch andere brandgefährliche Kreaturen. So hört man immer wieder Gerüchte, über sogenannte Kakermännchen, die die atomare Widerstandsfähigkeit von Kakerlaken mit der Immunität gegenüber den meisten Giften, wie Erdmännchen sie besitzen, verbinden.

Andere Gerüchte sprechen von dem „im Dienstgebäude wohnenden Bösen". Wo ein kluger Anglist eventuell eine überaus schlechte Übersetzung von „Resident Evil" hinter vermutet, glauben es viele Nerds besser zu wissen. Seit jeher gibt es die Vermutung, dass Nerdocs Armee auch mit einigen Notariatsfachangestellten zusammen arbeitet und die Befürchtung, dass eines Tages auch die Kavallerie der Paragraphenreiter ausrücken könnte, hat sich nie ganz gelegt.

Copyright 2002 David Breen and Natasha Breen   www.movie-comics.com

Nerdor entfesselt

Dr. Egon Spengler: There's something very important I forgot to tell you.
Dr. Peter Venkman: What?
Dr. Egon Spengler: Don't cross the streams.
Dr. Peter Venkman: Why?
Dr. Egon Spengler: It would be bad.
Dr. Peter Venkman: I'm fuzzy on the whole good/bad thing. What do you mean "bad"?
Dr. Egon Spengler: Try to imagine all life as you know it stopping instantaneously and every molecule in your body exploding at the speed of light.
Dr. Raymond Stantz: Total protonic reversal.
Dr. Peter Venkman: That's bad. Okay. Alright, important safety tip, thanks Egon.

- Ghostbusters

Skirt lag draußen vor dem Turm. Die Linke des Webhamsters (gut, es könnte auch die Rechte gewesen sein, er hatte das bei all dem Zappeln nicht so exakt ausmachen können) hatte ihn sauber direkt zwischen die Augen erwischt. Und gegen den Kehlkopf. Und gleichzeitig auf beiden Ohren. Und irgendwie ging er davon aus, dass seine Nase noch nicht immer bei gerader Kopfhaltung parallel zu seinem Schlüsselbein stand. Zumindest zu seinem linken Schlüsselbein, das rechte ... er wollte gar nicht daran denken, wo das jetzt wohl war.

Einerseits wollte er nicht daran denken, weil der Schmerz im wie ein Blitz durch das Rückenmark zuckte, andererseits sicherlich auch, weil er einen Blick auf Nerdocs Turm warf ... und was er sah, raubte ihm die Besinnung.

Nerdoc war zurückgewichen, wie die Farbe aus seinem Gesicht. Die drei Eindringlinge standen da, alle in lässigen Posen, von schwarzen Blitzen umzuckt und umgeben von einer Aura, deren Farbton er noch am ehesten als dunkelrotes Marmor beschrieben hätte.

Sie lächelten, alle drei lächelten, in selten gewohnter Einigkeit und Nerdoc zog sich bis an die Rückwand zurück.

„Was ist los, Nerdoc?" zischte es aus dem Mund der Seele der Schar.

Und der wahnsinnige Wissenschaftler fiel jammernd auf die Knie, als die schwarzen Blitze den Raum zu füllen begannen. Schwarze Energieladungen zuckten über Metalle wie Kunststoffe gleichermaßen.

„Niemand spielt ungestraft mir den Kräften Nerdors!" raunte der Webhamster.

Die Blitze erfüllten den Raum, die Wände schienen sich zu biegen, die Holzvertäfelungen nahmen lustige Farben an und die wissenschaftlichen Messgeräte ein Stockwerk darunter begannen, unanständige Witze statt Daten auszuspucken.

„Ups." sagte das Drooling Chaos – und Nerdor bahnte sich seinen Weg.

***

Eine Welle der Macht schoss zwischen dem Triumvirat heraus nach vorne, rammte Nerdoc an die Wand und füllte den Raum. Doch war es mehr als eine reine Welle: es waren die ersten Tropfen, die sich durch einen gesprengten Damm drückten.

Reine nerdische Energie floss hinein in das Raum-Zeit-Kontinuum, flutete zunächst Nerdocs Insel und schoss dann über den Ozean hinweg auf die Kontinente dieser Welt zu. Die Glocken Londons schlugen die 25. Stunde, die Freiheitsstatue zeigte den vorbeifahrenden Booten obszöne Gesten und die Sphinx beklagte lauthals das Fehlen ihrer Nase.

Spezialermittler des FBI stellten endlich einen lange gesuchten Verbrecher, doch aus ihren Pistolen schossen nur kleine Fähnchen hervor, auf denen „NERD" stand. Und letztlich sah auch die Realität keine andere Alternative mehr als zu brechen.

Die perfekte Welle kam über die Welt – und ging wieder, doch sie hinterließ Spuren. Wurden die genannten Ereignisse schnell in den Bereich der

Massenhysterie geschoben, so sollten die Spuren doch für jene, die Nerdor kannten, unübersehbar sein, denn die Kreaturen Nerdors sollten fortan auf Erden wandeln.

***

Zwei Tage nach dem Auftritt des Triumvirats erreichte ein weiteres Schlauchboot der DORP die Insel Nerdocs. Ein gemischtes Tripple sprang von Bord und eilte über die Insel, denn ihre Führer waren noch nicht wiedergekehrt. Sie fanden zunächst eine arme Gestalt, die später als Skirt identifiziert werden sollte ... er war augenscheinlich daran gestorben, dass eine direkte Welle Nerdors seinen Schädel durchrauscht hatte.

Der Turm selbst lag in Schutt und Asche, nur die dampfenden Grundmauern ragten auf, der ihn umgebende Sand war zu Glas geschmolzen.

Doch vom Triumvirat gab es keine Spur. Und Dr. Nerdoc war ebenfalls nicht zu sehen.

„Was ist hier passiert?" entfleuchte es dem Mund des Michalskieliten.

„Hier müssen mindestens 1500°C geherrscht haben!" flüsterte die Scimietze.

Der Cyberknight baute eine Sandburg.

„Wir müssen eine NotstandsCon ausrufen..." murmelte die Scimietze.

„...und die DORP Ones informieren." stimmte der Michalskielit zu.

Der Cyberknight hatte seine Sandburg fertig.

***

Die Welt war grau. Gut, sie war nicht grau, sie war sogar ausgesprochen bunt, aber sie fühlte sich grau an. Grau und trostlos. Nerdor hatte sich in die profane Welt ergossen, was eigentlich ein Grund zur Freude war, aber niemand empfand wirkliche Freude. Das Ziel war zwar erreicht oder man war zumindest nah dran, denn noch hielten sich Nerdor und die normale Welt gegenseitig im Würgegriff wie zwei schwerfällige Wrestler, jedoch ist es nach Meinung der Experten nur noch eine Zeitfrage bis Nerdor seinen Gegner zu Boden gerungen hat.

Aber was war der Preis?

Das Triumvirat war weg. Ihre Anführer waren weg. Dabei sollte sie das Triumvirat doch nach Nerdor führen. In das gelobte Land. Dort sollten sie alle zusammen leben, spielen und DVDs schauen. Doch was sollte man ohne das Triumvirat tun? Erschwerend hinzu kam, dass man nun, wo man das Tor nach Nerdor eingetreten hatte, nicht mehr wusste, was man überhaupt tun sollte. Diejenigen die es einem hätten sagen können waren weg und man wusste nicht einmal wohin. Einfach weg. Wie vom Erdboden verschluckt (einige glauben übrigens, dass genau das tatsächlich geschehen ist). Das Triumvirat war weg und seine DORPler alleine zurück gelassen. Im Stich gelassen.

Ziel- und trostlos fristeten die Nerds ihr Dasein. Die nerdischen Umwälzungen ignorierten sie beinahe völlig. Traurig fanden sie sich immer wieder zusammen und weinten sich beieinander aus. Jeder von ihnen wusste, dass es so nicht weiter gehen konnte, doch keiner wusste wie es weitergehen sollte. Einige spielten wirklich mit dem Gedanken an Selbstmord, doch selbst der eigene Tod erschien so vollkommen sinnlos, dass man genauso gut weiterleben konnte.

Es war die dunkelste Zeit, die die Nerdbewegung bis dato gesehen hatte. In etwa so musste sich Romeo gefühlt haben als er Julia tot in seinen Armen hielt. In etwa so musste sich Julia gefühlt haben als sie Romeo tot in ihren Armen hielt.

Doch nicht nur der Weltschmerz über den Verlust der drei Ikonen machte den Nerds zu schaffen, sondern groteskerweise auch Nerdor selbst. Nerdor manifestierte sich immer stärker in der profanen Welt und natürlich tat es das am stärksten in denen, die ihm ohnehin Nahe standen und bereits seit Jahren an seine Existenz glaubten. So nahmen die Fähigkeiten der Nerds mit geradezu besorgniserregender Geschwindigkeit zu. Die Nerds selber hatten kaum noch Kontrolle über ihre Fertigkeiten, Feats und „kewl powerz" und mehr als einem unterlief ein folgenschwerer ... Unfall ... unter dem nicht selten diejenigen zu leiden hatten, die er über alles liebte. Ein Nerd soll sogar seine ganze Rollenspielsammlung in Knetgummi verwandelt haben. Und so geschah, was alle immer für undenkbar gehalten hatten: Man hatte Angst. Angst vor Nerdor.

Nie zuvor hatten die Nerds so um Hilfe und Führung geschrieen und nie zuvor wurden ihre Rufe nur von einem eisigen Schweigen beantwortet.

Einige Nerds suchten die Schuld für das Verschwinden des Triumvirats bei sich selbst und fingen an sich selbst zu läutern. Der Schachklub Wanne-Eickel zog mit blanken Oberkörpen, ein jeder sich selber mit einer Neunschwänzigen geißelnd, durch die Dortmunder Innenstand, um Buße zu tun. Doch das Triumvirat kam nicht. Dafür die Polizei und nahm alle wegen Erregung öffentlichen Ärgernisses fest.

Auch die DORP Ones waren der Verzweiflung nahe, sich jedoch auch ihrer Pflicht bewusst. Jetzt wo das Triumvirat weg war, waren sie die Führer der Nerds, ähnlich wie die Truchsesse von Gondor.

Es war Pflicht jetzt für die Nerds da zu sein, ihnen Trost zu spenden, eine Hilfe zu sein in diesen schweren Zeiten und sie taten es auf die einzige Art, die sie gelernt hatten: Sie organisierten eine Con.

Eine Woche darauf hing ein großes Schild über der Tür zu einer alten, verlassenen Lagerhalle: „Catastrophycon". Und sie waren gekommen. Nerds aus aller Herren Länder, DORP-Clubs aus dem gesamten Einzugsgebiet, alle waren sie aufmarschiert. Ungezählte Autos, eines kleiner, älter und komischer als das andere, parkten vor dieser Lagerhalle. Eine kanadische Band vertrieb den Ankömmlingen etwas die Zeit, und man tanzte nicht wirklich fröhlich zu den Rythmen, bis sich eine zittrige Stimme auf der improvisierten Bühne erhob: „NERDS! Hört mich an!"

Es wurde schlagartig still. Die Musik verstummte. Nur noch leises Gemurmel und gelegentliches Schluchzen war zu hören. Das war besser als es der DORP One

gewohnt war, normalerweise wurde er ausgelacht, wenn er einen Vortrag halten sollte, doch die Achtung, die man ihm dieses Mal offensichtlich schenkte heiterte ihn nicht auf. Kein bisschen. Mit gesenktem Haupt fuhr er fort: „Ich weiß wie ihr euch im Moment fühlt. Ich fühle nicht anders. Auch ich fühle Trauer, große Trauer.

Eine durch nichts zu füllende Leere ist unserem Leben entstanden, doch dürfen wir nicht einfach aufgeben." Er hörte Worte aus seinem Mund kommen, doch sie machten keinen Sinn. „Wir dürfen uns nicht so gehen lassen. Wir dürfen uns nicht fallen lassen, wir müssen weiter machen."

für den SL:
Die Umsetzung am Spieltisch

Zweierlei Abenteuermöglichkeiten lassen sich aus diesem Abschnitt ableiten. Einerseits kann man ein regelrechtes Katastrophenszenario aus der ersten Welle Nerdors entwickeln. Sei es nun ein State-of-the-Art-Dampfer, der plötzlich auf einen Eisberg (Erdbeergeschmack) zufährt oder ein Szenario à la *The Day After Tomorrow*, in dem eine beliebige Großstadt unter einer riesigen Welle Zuckerwatte versinkt.

Besonders interessant dürfte aber wohl eine ganz eigene Variation des „Alien"-Schemas sein: die Charaktere befinden sich gerade in einem Elektro-Kaufhaus und stöbern durch DVDs oder Computerspiele, als die Wellen Nerdors über sie herein brechen. Zunächst ahnen sie nichts Schlimmes, doch dann hören sie eine Stimme neben sich: „Ich brauche eine Waffe."

Die Stimme gehört zu dem *Halo*-Masterchief-Aufsteller in Lebensgröße, der neben ihnen steht und, Nerdor sei dank, nun zu so einer Art Leben erwacht ist. Er könnte nun auf die Jagd nach den Charakteren gehen, die ihn dann stoppen müssten. Da dies aber, wie *Halo*-Spieler wissen, nicht ganz so einfach ist, bietet sich vielleicht stattdessen ein Versus-Szenario an. Man platziere weitere Aufsteller quer durch den Laden und schon hat man das vollkommene Chaos.

Ob der Masterchief nun aber von einem, eine rote Latzhose tragenden, Klempner oder einem blauen Igel mit Turnschuhen attackiert wird, ob er nicht lieber Lara Croft erwürgt und welche Rolle die Spieler genau übernehmen, muss der geneigte Spielleiter selbst an seine Wünsche anpassen.

Dieses Szenario bietet sich besonders für Con-Runden und andere Oneshots an. Es ist nur mäßig wichtig, als Spieler die Hintergründe zu kennen – wer generell für Popkultur-Referenzen offen ist, sollte hier seine Freude haben können.

Natürlich sind auch alle anderen noch so verrückten Szenarien denkbar. Nerdor ist in unserer Welt eingezogen und hat eine Einweihungparty geschmissen. Die Grenze ist nur eure Phantasie … oder eben das Nachlassen der waffenscheinpflichtigen Pharmazeutika.

Die zweite Möglichkeit dieses Kapitel am Spieltisch zum Leben zu erwecken verlangt euch und eurer Runde dagegen die ganz große Kunst des Rollenspiels ab. Es geht um Trauer, Hoffnungslosigkeit und Angst vor der eigenen Macht. Persönlicher Horror, wie es die Jungs von White Wolf zu ihren besten Zeiten nicht hinbekommen haben (bitte keine Diskussion darüber, wann diese jetzt gewesen sind…). Das Triumvirat ist weg und in den Nerds erwachen Kräfte, die sie selber nicht kontrollieren können.

Die Atmosphäre ist gezeichnet von Trauer, Verzweiflung und Trostlosigkeit, was ist gar nicht so einfach zu realisieren ist, wenn gleichzeitig kleine, gelbe Äffchen mit Flügeln durch die Straßen sausen und mit den Happy Hippos fangen spielen.

Ein Szenario, das man vor diesem Hintergrund spielen kann wäre es zum Beispiel, dass die Charaktere Hinweise darauf erhalten, wo sich das Triumvirat befindet. Nach kurzer Recherche werden Hinweise zu Indizien und Indizien zu Beweisen und schließlich ist man sich sicher den Aufenthaltsort des Triumvirats gefunden zu haben. Hoffnung keimt auf, nur um dann wie eine Seifenblase zu zerplatzen. Wie den Helden griechischer Tragödien ist den Charakteren das Scheitern vorherbestimmt, egal, was sie machen.

Ein anderes Szenario wäre es, wenn Nerdor sich in einem denkbar ungünstigen Zeitpunkt (Verabredung, Beerdigung, beim Shoppen in der Einkaufspassage,…) manifestiert und sie irreversiblen Schaden anrichten. Jetzt müssen sie damit leben was sie angerichtet haben.

Vielleicht ist euch aber eher nach einem Kammerspiel und ihr verwirklicht ein Treffen hoffnungsloser Nerds, die sich gegenseitig ihr Leid klagen und über Sinn und Unsinn des menschlichen Seins diskutieren. Dagegen ist jeder Pihlosophie-LK Kindergarten.

Schaut euch den Film „Requiem for a Dream" an, wieder und wieder, dann seid ihr genau in der richtigen Stimmung, um diese düstere Seite des DORP-Rollenspiels zu realisieren.

Der Beginn einer neuen Zeit

Its the car I always wanted to have, and now I have it!
I rule!

- Lester Burnham, „American Beauty"

Er hielt einen Moment inne und sah in die deprimierten Gesichter der ihn umgebenden Nerds. Er sah Trauer. Er sah Verzweiflung. Er sah die hilflosen Gesichter der Masse. Einige saßen auf dem Boden, die steinerne Mine nach unten geneigt, anderen füllten sich die dicken Brillengläser langsam mit Tränen, wieder andere hämmerten verzweifelt immer wieder mit ihren schwachen Fäusten gegen die Wand. Soll dies nun das Ende sein? Alles, für das sie gekämpft hatten einfach so verloren? Doch in dieser dunkelsten Stunde der Nerds, zumindest seit dem Kinorelease von *Episode I*, erkannte er plötzlich die Wahrheit!

Er erkannte, dass nichts vergeben war, sondern alles einen Sinn machte. Es war kein Ende. Es war ein Anfang! Zumindest neigte sein von Koffein künstlich wach gehaltener Geist dies zu glauben. Er erhob wieder seine Stimme, diesmal kräftig und bestimmt:

„Hört auf zu weinen! Trauert nicht länger, denn ich habe just in diesem Augenblick die Wahrheit geschaut und sie ist wundervoll! Das Triumvirat ist nicht verschwunden, unsere Führer haben uns nicht im Stich gelassen, ganz im Gegenteil, das glorreiche Triumvirat hat sich für uns geopfert. Wie einst der Terminator sein Leben ließ, um die Menschheit zu retten, so ist es diesmal das Triumvirat gewesen, welches das Tor zur Rettung der Menschheit, ja zu einer höheren Form der Menschlichkeit an sich aufgestoßen hat!

Und nicht irgendein Tor, sondern das Tor zu Nerdor! Keiner von euch kann leugnen, dass mit ihrem Verschwinden eine gigantische Welle nerdischer Energie über diesen Planeten rollte und das Antlitz dieser Welt grundlegend veränderte!"

Die Masse hatte sich jetzt wieder gefasst und gebannt lauschte sie seinen Worten der Weisheit. Er genoss diesen Moment, wie sie alle zu ihm aufschauten. Dies hatte vorher noch nie jemand getan, selbst nicht viele der übrigen Nerds. Vielleicht war es diese kurze Kostprobe von so etwas ähnlichem wie Macht, die ihm den Verstand vernebelte, vielleicht war es auch der *Babylon 5* - Marathon der vergangenen Tage, egal was auch immer es war, das ihn letztlich Glauben ließ „sein" Triumvirat sei nun eine Gottheit und er ihr Hohepriester, es zog eine Menge unangenehmer Konsequenzen nach sich...

„Sie haben das Tor geöffnet. Sie haben Nerdor in diese Welt entlassen. Sie haben ihr Leben gegeben. Für uns, ihre Kinder. Wofür wir die letzten Jahre so hart gekämpft haben, haben Sie uns jetzt durch dieses ultimative Opfer ermöglicht. Sie haben uns die Sterne und diese Welt zu Füßen gelegt.

Wir müssen nun diese Gelegenheit ergreifen und nehmen was unser ist. Also geht nun und nehmt den Platz ein, den ihr verdient habt. Holt euch, was euer ist! Ihr sollt endlich die süßen Früchte eurer Arbeit ernten! Ihr sollt endlich eure Belohnung für all die Jahre der Entbehrung und des Gelächters erhalten! Das Königreich der Nerds ist errichtet und nichts soll uns mehr aufhalten! NERDOR IST HIER!"

Die Menge jubelte ihm frenetisch zu, nun sah er keine Verzweiflung mehr in ihren Gesichtern, sondern Hoffnung, Aggression und Willensstärke.

So war es recht. Bald würden sie losziehen, um ihren Platz in der Welt einzunehmen. Sie würden Geschichte schreiben, doch vorher ... fingen sie an unmotiviert zu schrecklicher Musik zu tanzen. Warum weiß kein Mensch. Doch zu einem letzten Aufruf kämpfte seine Stimme gegen die 2000-Watt der Subwoofer an:

„Ihr werdet ein herrliches Reich errichten, ihr werdet die Schönheit Nerdors auch in den letzten Winkel der profanen Welt tragen, ihre werdet die Welt beherrschen. You will taste Menflesh!"

Nach dem letzten Satz endete die Musik abrupt und die Menge schaute ihn verwundert an, mit dem Gesicht eines 15-jährigen, der in der Mädchenumkleidekabine erwischt wurde, eine Situation, die ihm mehr als vertraut war, schaute er leicht verlegen zur Decke ... dann verfiel die Menge wieder in enthusiastischen Beifall.

Es hatte begonnen...

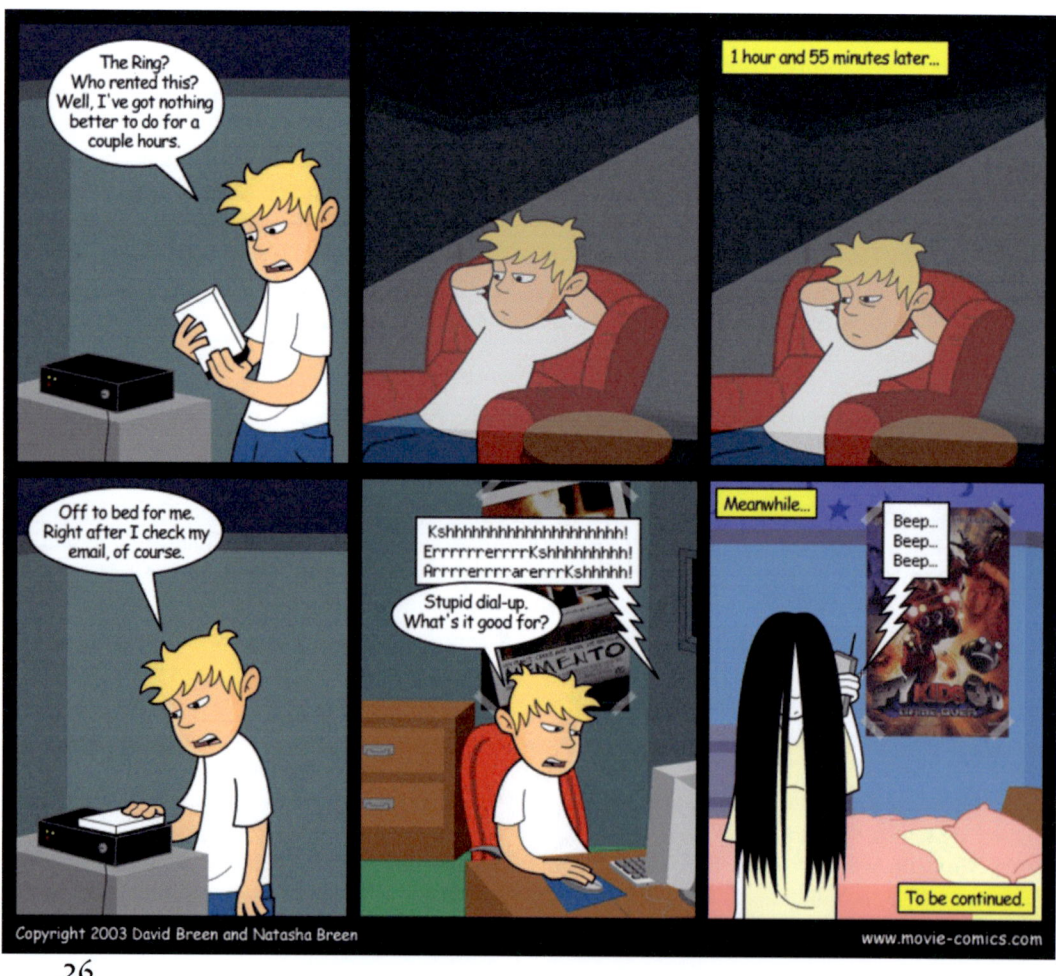

www.movie-comics.com

The Geeks rise wild

„Ein bisschen Frieden, ein bisschen Sonne für diese Erde, auf der wir wohnen. Ein bisschen Frieden, ein bisschen Freude, ein bisschen Wärme, das wünsch ich mir."
-Nicole, Ein bißchen Frieden

„Bullshit!"
- Neo, Matrix Reloaded

Den ganzen Nachmittag hatte er schon damit verbracht, seinen verdammten Rechner ans Netzwerk anzuschließen. Der Router streikte, ständig hatte er Probleme mit der Internetverbindung, im Minutentakt trennte sie sich oder fuhr den Rechner runter. Nichts funktionierte, aber wirklich gar nichts. Desertlobster war der Verzweiflung nahe. Und was er nun am wenigsten brauchen konnte war Verwandtschaftsbesuch...

„Michael kommst du zum Kuchen essen?" hörte er die freundliche Stimme seiner Mutter aus dem Erdgeschoss hochrufen. Genervt antwortete er: „Ich hab' jetzt keine Zeit." Doch da steckte seine Mutter schon ihren Kopf ins Zimmer und flüsterte: „Das war keine Bitte..."

Desertlobster verdrehte die Augen, schmiss die Kabel hin und machte sich auf den Weg ins Esszimmer, wo nicht nur seine Eltern, sondern auch sein Bruder, sowie sein Onkel väterlicherseits und dessen Frau saßen. Diese war übrigens kaum älter als Desertlobster, dafür aber 40 Jahre jünger als sein Onkel.

„Toll", dachte Desertlobster, „das wird so super wenn Mann 60 ist." Und setzte sich an den Tisch, um bei kaltem, scheußlichen Kaffee, gekocht von seinem Bruder, und viel zu trockenem Kuchen, gebacken von seiner „Tante", gute Mine zu einem Scheißtag zu machen.

„Was studierst du noch mal?", fragte ihn sein Onkel. „Germanistik, Politik und Geschichte.", antwortete Desertlobster während er fast an einem Stück Kuchen erstickte. Die Reaktion seines Onkels war ein verächtlicher Blick: „Was ist das denn für ein Unsinn? Was kannst du denn später damit werden? Nix. Kannst du nicht was Vernünftiges studieren? Kannst du nicht einmal was richtig machen? Ich sehe schon ich darf dich später von meinen

Steuergeldern ernähren, du Sozialschmarotzer der Zukunft. Wie kann man nur so einen Mist studieren? Studiert arbeitslos. Warum hast du nicht Informatik studiert?

Leute, die mit Computern können suchen sie immer, das wäre etwas gewesen." „Dann könntest du jetzt auch das Netzwerk einrichten", fügte sein Bruder grinsend hinzu.

Desertlobster entgegnete freundlich: „Entschuldigt ihr mich einen Augenblick." erhob sich ein fröhliches Liedchen flötend von seinem Platz, ging die Treppe hoch in sein Zimmer und nahm seinen Gewinn einer Games-Workshop-Verlosung von der Wand: Stich.

Weiterhin fröhlich pfeifend kappte er die Telefonleitung und ging wieder ins Esszimmer...

Die alte Nachbarin führte ihren Hund spazieren als sie aus dem Hause, in dem die Familie mit dem komischen Sohn wohnte, laute Angstschreie vernahm.

Nicht neugierig, sondern um ihre Nachbarn besorgt ging sie näher an das Küchenfenster und versuchte in die Wohnung zu schauen, als plötzlich eine gewaltige Menge Blut gegen das Fenster klatsche! Direkt danach durchbrach das Gesicht eines 60-jährigen Mannes die Scheibe und starte sie mit leeren, toten Augen an, dann wurde er ebenso abrupt wieder ins Haus gezogen. Sie erlitt einen Herzinfarkt. Das letzte was sie sah bevor sie ihr Leben aushauchte, war ein hübsches Mädchen um die 20, das mit blutigen Klamotten am Leib laut kreischend aus der Wohnung stürmte. Es versuchte die Straße runter in Sicherheit zu gelangen, doch durch die offene Tür wurde ihr ein Kurzschwert hinterhergeworfen, das sich mehrmals in der Luft drehte und schließlich auch das Licht dieses Mädchens verlöschen ließ...

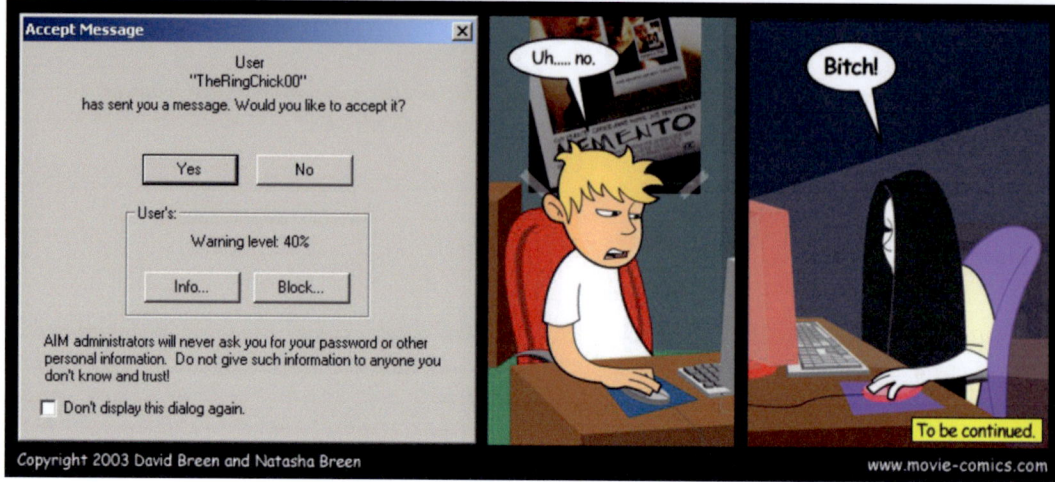

Die Welt liegt in Terror, was sie aber nur gelegentlich bemerkt.

Kurz nachdem das Triumvirat verschwunden war, fielen die Nerds in eine tiefe Sinnkriese, aus der sie seit der fanatischen Rede eines geistig umnachteten Möchtegern-DORP-Ones wieder herausgefunden haben. Soweit so gut, dumm nur, dass die Nerds sich im selben Atemzug ihrer neugewonnen Macht und Stärke bewusst wurden, die sie erlangten, als Nerdor und die profane Welt kollidierten. Nur sie hatten seinerzeit die dauerhaften Veränderungen bemerkt und nur sie sind in der Lage die freigesetzten Energien zu nutzen. Und sie tun es. Reichlich.

Das verklärte Ziel der Nerds ist es, nun da Nerdor in die profane Welt gebrochen ist, wie einst eine intelligente, aber größenwahnsinnige Maus die Weltherrschaft an sich zu reißen. Zumindest wollen die ganz verblendet Deppen so weit hinaus. Könige stürzen, Präsidenten entmachten, Länder regieren und sich einen Harem halten. Das sind die Dinge von denen sie Nachts träumen. Schließlich ist nichts leichter als die Regierung eines Landes, hier ein bisschen gedreht, da ein bisschen verändert. Steuern runter, Bildungsetat rauf, Zivildienst weg, Arbeitslose als Ziviersatz, alles kein Problem.

Die Tatsache, dass momentane Politiker nicht auf diese Ideen gekommen sind ist einzig und alleine ihrem minderen Intellekt zuzuschreiben, da muss nur endlich mal jemand mit Durchblick an die Sache rangehe.

Ich meine: Hey!

Wer eine Fouriertransformation im Schlaf durchführen kann, für den ist ein Staatsreform doch ein Kinderspiel.

Das man als herrschende Klasse auch über soviel Geld, Drogen, DVDs, Rollenspiele und Frauen (oder Männer) verfügt wie man (er)tragen kann ist sicherlich ein netter Nebeneffekt.

Doch wie wollen die Nerds ihre hochtrabenden Ziele durchsetzen? Im Großen und Ganzen unterscheidet sich ihre Strategie nicht wirklich von der bisherigen, also die Durchführung seltsamer Missionen, um den Einflussbereich der Nerds zu erweitern. Jedoch sind die Ziele dieser Missionen weit weniger subtil als noch zu Zeiten des Triumvirats, so werden nicht einfach Buchdrucke oder E-Mails manipuliert, sondern bestimmte Personen in bestimmte politische Positionen gebracht und wenn es sein muss auch sehr, sehr blutige Arbeit verrichtet...

Dabei kommen ihnen ihre neuen Fertigkeiten, die im Kapitel „Magie" (S. 64) näher beleuchtet werden, natürlich zugute. Stellt sich die Frage, warum die Nerds mit ihren tollen Kräften die Herrschaft nicht längst an sich gerissen haben. Nun, dafür gibt es eine ganz einfache Erklärung: Entgegen anderslautender Gerüchte, geschürt durch diverse Filme, Computerspiele, sowie Comics handelt es sich bei den Polizisten und Soldaten dieser Welt nicht ausschließlich um Deppen in Uniform, sondern die Meisten von ihnen verstehen ihr Handwerk recht gut und auch, wenn sie keine „kewl powerz" haben, so verfügen sie im Gegenzug doch zumindest über

28

Feuerwaffen und auch ein abgebrühter Nerd ist recht beeindruckt, wenn man mit dem entsprechenden Ende einer Waffe auf ihn zeigt. Oder zumindest sollte er das sein, andernfalls...

Des weiteren neigen die meisten Nerds bisweilen dazu zu vergessen, dass bei der Kollision der Welten, Nerdor nicht der strahlende Sieger war, sondern, dass beide Welten einander beeinflusst haben. So haben die Nerds ebenso oft mit dem selben Problem zu kämpfen wie ihre Gegenüber in Staatsdiensten: Ladehemmung.

Und letztlich sind da noch die Janitoren, die als Verteidiger der Banalität den Nerds ebenbürtige Gegner sind.

Wie es sich für einen richtig coolen Untergrundkrieg gehört, merkt die breite Masse von alle dem natürlich überhaupt nichts. Bei Matrix waren ja auch die tollsten Sachen möglich, ohne dass die noch angestöpselten Menschen was davon merkten. Im Zuge ihres Kampfes für eine ungerechte Sache kann den Nerds also so einiges zu Bruch gehen. Aus dem einstmals subtilen Kampf für Nerdor ist ein brutaler Machtkampf geworden, der immer noch unter der Fahne der DORP geführt wird, was wohl das Triumvirat dazu sagen würde?

Aber nicht alle Nerds glauben, dass dies der richtige Weg ist und so haben manche beschlossen dem entgegenzuwirken. Am Anfang versuchten sie noch die abgefallene DORP mit Worten der Überzeugung wieder auf den rechten Pfad zu bringen wurden jedoch von deren Mitgliedern nur als „Alliance of Weasels" beschimpft, so dass sie mehr und mehr von ihrem friedlichen Wege abließen und die Waffen des Feindes zu benutzen. Sie spalteten sich komplett von der DORP ab und stellen sich nun wo immer es geht gegen diese.

Mittlerweile schon alleine aus Prinzip. Diese Gruppe von Nerds nennt sich PROD, was für „Play Right Or Die" steht und wurden für die DORP durchaus zu einem ernstzunehmenden Gegengewicht.

Es kam also auch innerhalb der einstmals weitgehend geeinten Nerdbewegung zu einem gewaltigen Bruch, wodurch sich eine zweite Front auftat an der ebenso erbittert gekämpft wird und an der verrückte Spinner auf verrückte Spinner treffen. Hier werden Schlachten geschlagen, die wir uns nicht im geringsten vorstellen können.

Doch neben diesen Beiden großen und im nerdischen Sinne geradezu paramilitärischen Gruppierungen gibt es auch kleinere Gruppen, die weder der einen noch der anderen Seite zugeordnet werden wollen und gänzlich ihre eigenen Ziele verfolgen. Meistens handelt es sich dabei um Nerd-Gangs, die sich dem Kampf gegen einen ganz besonderen Feind auf die Fahnen geschrieben haben, beispielsweise die Ausrottung aller Munchkins, wobei sie auch vor brutalsten Mitteln nicht zurückschrecken.

Und letztlich gibt es da noch Einzelschicksale wie Desertlobster aus der Einleitungsgeschichte. Nerds die wirklich am Rande der Gesellschaft existierten, bis sie plötzlich ausrasteten und es ihren Peinigern doppelt und dreifach heimzahlten. Viele von ihnen haben das Potential zu gefährlichen Nemesissen, eine Gefahr, welche sowohl DORP als auch PROD übersehen ... womöglich bis es zu spät ist...

Seit jener Rede auf dem Catastrophycon ist die Gewaltbereitschaft der Nerds allerorten immens angestiegen. In ihrem einstigen Bestreben besser zu werden als alle anderen wurden sie genauso wie sie.

Die Welt liegt in Terror, was sie aber nur gelegentlich bemerkt.

Doch wollen wir diesen neuen Bedrohungen für die Menschheit und unseren Planeten ein Gesicht verleihen, den Schrecken beim Namen nennen und ihn somit enttarnen, in der Folge also wollen wir den vier Eckpfeilern der neuen, brutalen Nerdbewegung etwas mehr Kontur verleihen.

Die neue DORP

„Wir wollen also Orpheus aus den Klauen der Polizei befreien?"

„Jepp."

„Und er sitzt im 20. Stock dieses namenlosen Hochhauses?"

„Jepp."

„Und unser Plan sieht so aus, dass wir durch die Eingangstür das Gebäude betreten uns durch Horden von Wachleuten bis zum Dach vorkämpfen, dort einen Hubschrauber kapern, wieder bis zum 30. Stock runterfliegen, die Fenster zerschießen und Orpheus rausholen?"

„Jepp."

„Das ist doch total hirnverbrannt! Warum sollten wir das tun?"

„Weil es cool ist und wir mehr Minions töten können."

Eine Begründung, die sofort allen Beteiligten einleuchtete. Eine halbe Stunde später waren Bernhard, Lewis und Gilbert in ihre coolen, schwarzen Mänteln gehüllt, blickten mit einer in Gips gegossenen Miene durch ihre verspiegelten Sonnenbrillen in das, was sie von der Nacht noch sehen konnten und warteten … auf Tippy, die es unter zuhilfenahme mehrerer Liter Gleitmittel schließlich auch schaffte in ihr Lack und Leder-Outfit zu schlüpfen. Mit zweifelhaftem Erfolg.

Endlich konnte das Quattro infernale aufbrechen. Mit wehenden Mänteln betraten sie das Hochhaus und schritten entschlossen auf die Wachmannschaft zu, als Gilbert auch schon von einem Wachmann angesprochen wurde: „Haben sie irgendwelche Waffen?"

30

Mit steinerner Miene und einem schneidigen „You're terminated, fucker!" auf den Lippen öffnete Gilbert seinen Mantel und offenbarte den Blick auf sein Arsenal: Zwillen, Wasserpistolen, Stinkbomben und ein Plastikschwert. Der Wachmann war sichtlich verwirrt: „Was soll der Scheiß? Ach, knallt sie ab."

Mit diesen Worten begann der Kampf.

Entgegen allen Gesetzen der Physik turnten die Nerds durch die ganze Halle liefen, wenn auch wenig geschmeidig, an Wänden und Decken entlang, landeten Treffer um Treffer ... aus Wasserpistolen. Die Wachmänner trafen nicht ganz so oft ... aber aus Schnellfeuerpistolen. Nach wenigen Kampfphasen lagen die Nerds blutend am Boden. Es war ein kurzer Ausflug. Und das alles für Orpheus. Dabei hätten sie sich doch einfach ein neues Grundregelwerk kaufen können.

But that's not the way of the DORP anymore...

Die DORP ist ein schmutziger Verein geworden. Früher kämpfte sie subtil gegen Banalität und Langeweile, heute kämpft sie wenig subtil für die Durchsetzung der eigenen Machtansprüche oder – schlimmer noch – zum reinen Selbstzweck.

Die neuen nerdischen Energien, welche die Welt durchfluten sind den DORPern ganz offensichtlich zu Kopf gestiegen und so wurde aus einer Vereinigung idealistischer Träumer ein kultähnliche Vereinigung der es nach weltlicher Macht, Gewalt und Terror dürstet.

In jüngster Vergangenheit wurden im Namen der DORP Anschläge auf so ziemlich jeden mächtigen Politiker der Welt verübt, manche mit mehr, manche mit weniger Erfolg, viele wurden auch durch extrem gut verkleidete Nerds ersetzt und agieren nun ganz im Sinne der DORP. Dies nutzt die DORP auf bösartig, perfide Art und Weise aus, um ihre Gegner zu bekämpfen und Kritiker zu unterdrücken. Es sei denn natürlich diese äußern konstruktive Kritik. Sie nutzt dies aber auch um scheinbar sinnlose Kriege in aller Herren Länder zu beginnen und die Welt so ins Chaos zu stürzen, bis jeder bereit ist sich an die DORP zu wenden, welche in der Menschheit dunkelster Stunde allen einen Ausweg zeigen wird ... selbstverständlich zu einem Preis.

Sinnlose Terroranschläge, übertriebene Maßnahmen der Militärs, repressive Regierungen, Entführungen durch Ufos, Experimente an Hunden und gescheckten Kätzchen. Hinter alldem steckt dasselbe Übel. Hinter alldem steckt das Böse. Hinter alldem steckt die DORP. Oder aber jemand völlig anderes.

Die PROD

Es war düstere Nacht am Hamburger Hafen, Nebelschwaden krochen aus den Kanaldeckeln empor und wurden durch die Hafenbeleuchtung in ein unwirkliches Gelb getaucht. An einem der Container verbarg sich eine schemenhafte Gestalt, den Kragen ihres Mantels aufgerichtet, sodass ihr Gesicht halb verborgen blieb. Mit ernstem Blick schob sie ihren Ärmel zurück und blickte auf die Uhr. Sie runzelte die Stirn und seufzte leise.

Da fuhr langsam eine schwarze Limousine vor, die nasse Straße knirschte unter ihren Rädern ehe sie zum Halten kam. Aus dem stieg ein breiter Mann in einem feinen Anzug. Er schaute sich ein wenig um, während er zum Kofferraum schritt, er suchte offensichtlich jemanden, konnte aber scheinbar niemanden entdecken.

Die versteckte Gestalt löste sich aus den Schatten, trat leise von hinten an den wartenden Mann heran und legte ihm die Hand auf die Schulter. Der zuckte zusammen und schnellte herum. „Was? Wer? Ach, Sie sind es... sie haben mich fast zu Tode erschreckt", entfuhr es ihm. „Empfulhijugn", entgegnete ihm die Gestalt. „Was?", antwortete der Mann, „ich verstehe kein Wort." Die Gestalt rollte genervt mit den Augen und krempelte den Kragen herunter, zu sehen war nun das blasse Gesicht eines jungen Mannes, welches von einem riesigen Drahtgestell um den Mund verunstaltet wurde. Eine Zanhspange.

Er setzte an: „If fagte Enfuldigung. Haben Fie die Ware dabei?" Der Ältere lächelte und öffnete den Kofferraum: „Selbstverständlich." Ein güldenes Schimmern erhellte die Gesichter der Beiden als der Kofferraum plötzlich wieder zuschlug. Auf ihm stand ein eine bizarr anmutende Figur in einer abgewetzten Lederkluft mit Hockeymaske und Gotcha-Kanone.

Sie sprang vom Kofferraum auf den Asphalt und hielt die beiden Männer dabei mit der Kanone in Schach. Ein zweite, gleich gekleidete Figur zwang den Fahrer zum Aussteigen und hieß ihn wegzulaufen.

Dann näherte sie sich den übrigen, öffnete kurz den Kofferraum, warf etwas hinein und schloss ihn wieder. Unmittelbar danach war aus selbigem ein „Pflonk" zu hören.

Eine der Figuren setzte an: „Das war ein Farbbombe..." an dieser Stelle brach der Junge mit der Zahnspange zusammen.

„Dicker, du scherst dich ins Auto und machst das du wegkommst!" Nichts tat der Beleibte lieber als das. Der Junge wimmerte unterdessen: „Ihr Fweine! Ihr verdammten Fweine! Waf habt ihr getan? Daf war die zuviel gedruckte 34. Aufgabe der Erstauflage des DORP-Rollenfpielf!"

„Das wissen wir sehr wohl. Und deshalb haben wir sie vernichtet. Und jetzt komm mit! Der Zement wird sonst noch fest. Das wird eine feuchte Nacht für dich, hihi..."

Die PROD ist das große nerdische Gegengewicht zur DORP. Sie entstand aus einer Gruppe Nerds, die den schleichenden Werdegang der usprünglichen, liebenswürdigen DORP zu einem Moloch an Bösartigkeit frühzeitig erkannten und ihre Menschenmöglichstes taten, um diese Entwicklung aufzuhalten. In flammenden Reden appellierten sie an die Menschlickeit der DORPer, doch leider vergebens. Anhand von Schaubildern und Diagrammen versuchten sie zu zeigen, dass dieser Weg kein gutes Ende nehmen kann. Doch selbst StarWars-Analogien versagten kläglich. Stattdessen mussten diese Sehenden im Lande der Blinden Hohn und Spott über sich ergehen lassen, wurden selbst von den anderen Spinnern als Spinner abgetan. Schließlich mussten sie ernüchtert zur Kenntnis nehmen, dass all ihre wohlgewählten Worte an den übrigen abprallten wie an einer Mauer. Doch sie gaben nicht auf. Sie änderten lediglich ihre Taktik. Feuer bekämpft man am besten mit Feuer!

Sie spalteten sich endgültig von der DORP ab, gründeten eine eigene Gruppe, nannten sich kämpferisch „Play Right Or Die", kurz PROD, und sagten der DORP den Kampf an. Es galt nicht länger die DORP zu bekehren und auf den Pfad der Tugend zurückzubringen, sondern sie aufzuhalten, am erreichen ihrer finsteren Ziele zu hindern. Die PROD stellt sich der DORP also in den Weg wo immer es geht, lange Zeit war sie die einzige Hoffnung der Nerds, doch mehr und mehr beschritt auch sie den Weg zur dunklen Seite der Macht.

Nach anfänglichen, empfindlichen Niederlagen musste die PROD einsehen, dass man die DORP nicht mit dem Werfen von rosa Kissen besiegen kann (nicht lachen, es wurde versucht...) und so musste man zu den Waffen des Feindes greifen, um zu bestehen. Mittlerweile kämpft die PROD mit denselben schmutzigen Mitteln wie die DORP und hat auch sonst jeden Anspruch verloren die „Guten" zu sein, so wird meist auch auf recht harmlose DORPer losgegangen einfach weil sie zur DORP gehören. So tobt hinter dem, was unsere Augen offensichtlich sehen ein Krieg von unvergleichlichen Ausmaßen, ein Krieg der Nerds, wobei die PROD mittlerweile an Macht und Einfluss der DORP kaum noch nachsteht und einen ernstzunehmenden Gegner darstellt, der ähnlich ruchlos vorgeht.

Sinnlose Terroranschläge, übertriebene Maßnahmen der Militärs, repressive Regierungen, Entführungen durch Ufos, Experimente an Hunden und gescheckten Kätzchen. Hinter alldem steckt dasselbe Übel. Hinter alldem steckt das Böse. Hinter alldem steckt die PROD. Oder aber jemand völlig anderes.

Splittergruppen

Gehetzt rannte Fettbart die Straße hinunter, hinter sich hört er das todbringende Heulen mehrerer Motorräder, Tränen von Angst und Verzweiflung rannen ihm hinter der Brille die Wangen herunter.

Gehetzt sah er sich um, die Motorräder kamen deutlich näher. Leise fing er an zu wimmern, da sah er ein offen stehendes Kellerfenster. Sein Rettung! Er sprang darauf zu und versuchte hindurchzuschlüpfen ... vergeblich. Er hatte wohl fünf bis sechs Kilo Fastfood zuviel auf den Rippen und blieb stecken.

Hinter ihm kamen die Motorräder mit quietschenden Reifen zum Stehen, drei an der Zahl. Jetzt brachen bei ihm alle Dämme und er fing bitterlich an zu weinen. Mit tränenerstickter Stimme winselte er:

„Was? Was wollt ihr denn von mir? Ich habe doch nichts getan."

Von den Motorrädern stiegen drei in schwere Lederkleidung gehüllte Figuren. Sie entsprachen allen Klischees des klassischen Bikers. Dunkle Sonnenbrillen, gefährliche Lederjacken, ausgewaschene Jeans, fette Harleys. Nur es waren keine knallharten Biker.

Es waren Nerds. Einer von ihnen hatte ein Akne-Problem, die anderen beiden eher Probleme mit den Drüsen.

Einer von ihnen holte eine schwarze Arzttasche aus dem Helmfach und setzte an: „Erinnerst du dich noch an deinen fair ausgewürfelten Magier mit allen Attriubuten auf 18? Der alle Sprüche beherrschte und dem ein Harem und eine Kammer mit scheinbar beliebigen magischen Artefakten gehörte? Das hast du getan." Kaum hatte er die Worte gesprochen öffnete er mit nachdenklicher Miene die Tasche, in der sich einige der grausamsten Gegenstände, die man für Folter und Verstümmlung benutzen kann befanden.

Nach kurzem Überlegen murmelte er: „Ich denke ich nehme die zwei Steine." „Die zwei Steine?", schluchzte Fettbart, dann sprüte er wie man ihm die Hosen runter riss. Das Letzte, was er hörte war das Aufeinanderschlagen der zwei Steine, dann wurde alles schwarz...

Neben der DORP und der PROD, die im ganz großen Stile agieren und auf höchstem machtpolitischen Niveau ihren Krieg ausfechten, gibt es auch kleinere Gruppen, deren Ziele nicht so weltumspannend sind, die aber zumeist mindestens so gewalttätig zur Sache gehen.

Es handelt sich hierbei meist um kleine Interessengemeinschaften von Nerds, denen allen ein bestimmtes Anliegen am Herzen liegt. Manche sind militante Umweltschützer, manche gehen radikal gegen bestimmte Menschengruppen vor, etwa Studenten, Politiker, Fußballer oder Busfahrer und manche sehen sich ganz in Diensten der Wissenschaft. Es gibt unzählige dieser Splittergruppen und sie alle haben nur eines gemein. Sie schrecken vor nichts zurück, wenn es um ihre Interessen geht.

Sinnlose Terroranschläge, übertriebene Maßnahmen der Militärs, repressive Regierungen, Entführungen durch Ufos, Experimente an Hunden und gescheckten Kätzchen. Hinter alldem steckt dasselbe Übel. Hinter alldem steckt das Böse.

Hinter alldem stecken die Splittergruppen. Oder aber jemand völlig anderes.

Ein paar dieser Splittergruppen sollen an dieser Stelle kurz vorgestellt werden.

Die Ärzte

Die Ärzte sind ein Verbund von Con-Veteranen. Sie alle haben Jahre der Con-Spielleiterschaft auf dem Buckel. In all diesen Jahren hat ein jeder von ihnen sich dasselbe Feindbild angeeignet: Die Munchkins. Nach Jahren der Therapie, Trolle mit Cybertorso und Bollerwagen voller Munition und unbesiegbare Drowkriegermagierpaladindruidendiebe hatten tiefe Spuren hinterlassen, ertrugen sie ihre Pein nicht länger, beschlossen zurück zuschlagen und diesen Pickel namens Munchkin ein für alle Mal auszudrücken, nein, auszubrennen.

Sie wollten es ihren langjährigen Folterknechten mit gleicher Münze heimzahlten und begannen nicht einfach eine Jagd mit Schrotflinte, sondern besorgten sich extra coole Ausrüstung, von Lederjacken, über Mäntel bis hin zu Motorädern.

Wenn man sie am Horizont wahrnimmt könnte man sie glatt mit einer Truppe echter Biker verwechseln, bis sie so nahe heran sind, dass man erkennt, was für Figuren da auf den Motorrädern sitzen.

Auch wollen sie die verhassten Munchkins nicht einfach nur töten, sondern sie eben so bestialisch zu Tode foltern wie diese es mit ihren geliebten NSCs getan haben. Ihre Folterinstrumente haben sie stets in einer schwarzen Arzttasche dabei, die endlos Platz für allerlei scheußliche Dinge zu bieten scheint. Aufgrund dieser Tatsache tragen diese kranken Bastarde auch den Namen „die Ärzte".

Die Verleumdungsklage einer berühmten deutschen PunkRock-Band ist bereits auf den Weg gebracht und auch der Autor dieser Zeilen spürt sie schon kommen...

Die BSAF

BSAF. Dieses Akronym steht für „Bad Smilie Armee Fraktion". Hierbei handelt es sich um eine Truppe ehemaliger Cyberknights, die alle in den Diensten eines großen Softwarekonzerns, nicht zwingend die Jungs aus Redmond, auch wenn dies zugegeben äußerst nahe liegend ist, stehen und die ihren jeweiligen Arbeitgeber ganz sicher nicht leiden können. Offiziell führen sie ein gutnerdisches Leben, doch in Wahrheit gehen sie auf brutale Art und Weise gegen ihre Lohnpeiniger vor. Sie schalten Server aus, legen den Managern Pferdeköpfe ins Bett und basteln Autobomben. Sie haben sehr fähige Entwickler in ihren Reihen, die rund um die Uhr neue Gemeinheiten entwickeln, ihre neueste Errungenschaft ist das tschetschenische Selbstmordbit, welche verheerenden Schäden dieses anrichten kann ist im Kreaturenteil nachzulesen.

An den Orten ihrer Anschläge hinterlassen sie immer haufenweise Smilies, ausgedruckte, aufgeklebte und auch Graffiti, den Smilies ist dabei gemein, das sie alle falsch sind. Manche haben nur ein Komma als Auge, andere nur einen Punkt, wieder andere haben eine 9 statt einem Mund.

Ein zugegeben beknacktes Markenzeichen, aber es ist ein Markenzeichen.

Neben diesen beiden Gruppen gibt es natürlich noch unzählige andere, wie zum Beispiel die Greys, die als Außerirdische verkleidet Menschen entführen oder die Geeks with Guns, die sich für gelockerte Waffengesetze in den USA und weltweit einsetzen. Es gibt für so ziemlich jede auch nur erdenkliche Facette des Lebens genügend Menschen, die sich ihr widmen und es ist gut möglich, das ein Haufen Spinner unter dieser ist der geistig verwirrt genug ist den hier beschriebenen Weg einzuschlagen.

Wenn man unbedingt will kann man die DORP als SPD sehen, die PROD als CDU – oder umgekehrt, spielt ja doch keine Rolle – und die Splittergruppen als die sonstigen Parteien. Oder aber als den dritten Kandidaten einer amerikanischen Präsidentschaftswahl, er ist zwar da und tut etwas, aber keiner schenkt ihm Beachtung.

Amokläufer

Detective Miller vom LAPD stieg aus seinem Wagen und begab sich zum diensthabenden Polizisten, er tippte ihm von hinten auf die Schulter und flüsterte: „Detective Miller. Was haben wir hier?" Der Polizist drehte sich um und erstattete Bericht: „Ein Geiselnehmer. Ein Verrückter. Er hat sich in dieser Bank verschanzt und alle Kunden, sowie das Personal als Geiseln genommen. Wir haben, wie sie sehen, bisher zwei Streifenwagen hier und wissen im Moment nicht recht weiter. Er droht alle Geiseln zu töten, wenn seine Forderung nicht erfüllt wird."

„Ruhig mein Junge", entgegnete Miller und nippte dabei an einem Kaffee, den er mittlerweile bekommen hatte, „nicht zu fassen, ich bin seit 25 Jahren im Einsatz und seit 25 Jahren schaffen die es nicht, vernünftigen Kaffee zu machen, aber egal. Was sind seine Forderungen?" Er will, dass man die Schlacht ums Auenland nachdreht." „Er will was? Geben Sie mir Ihr Fernglas, ich will den Spinner sehen."

Miller riss dem Polizisten das Fernglas förmlich aus der Hand und warf einen Blick in das Innere der Bank.

Er sah einen untersetzten, kleinen Mann mit dicker Brille und rotweißem Hemd, weiß im Grundton, rot von Ketchupsoße. Er hielt eine der Bankangestellten vor sich und drückte ihr eine Waffe an die Schläfe. Miller setzte das Fernglas ab und drückte es dem Polizisten vor die Brust. Mit den Worten „Der sieht mir nicht aus als würde er Ernst machen, schüchtern wir ihn ein bisschen ein" griff er nach einem Megaphon und schrie: „Junger Mann, wenn Sie sich nicht augenblicklich einsichtig zeigen und mit erhobenen Händen raus kommen, sehen wir uns gezwungen, SWAT einzuschalten." Dann wandte er sich zu dem Polizisten und fragte: „Wie reagiert er?"

„Er hat die Geisel losgelassen und … tanzt … warten sie er sagt etwas, ich kann ein wenig Lippen lesen … er sagt: ‚Dedede dedede dedede dede SWAT. Uuuh SWAT.'

Jetzt wird er von einer der Geiseln mit einem Locher niedergestreckt, die übrigen stürzen sich jetzt auf den am Boden liegenden. Sie zerreißen ihn. Mein Gott wir müssen ihn retten!"

Neben den mehr oder weniger organisierten Nerdgruppen, die alle ihren eigenen Ziele verfolgen, gibt es noch eine weitere Gefahr für den Frieden dieser Welt, die in letzter Zeit rapide an Brisanz gewonnen hat: Amoklaufende Nerds. Im Gegensatz zu früher, als die Geeks ihr Schicksal stillschweigend ertrugen, sind viele von ihnen seit dem Weltencrash dazu nicht mehr bereit oder nicht mehr in der Lage.

Viele von Ihnen rasten auf einmal nach kleinen oder größeren Rückschlägen vollkommen aus und werden zu einer Gefahr für sich und ihre Umgebung. Eine gute, wissenschaftliche Erklärung für dieses Phänomen gibt es bisher noch nicht, im Grunde genommen stehen sich hierbei zwei Thesen gegenüber:

Die erste besagt, dass der Wunsch es allen zu zeigen und endlich einmal zurückzuschlagen schon lange in den Nerds schlummerte und jetzt wo ihre „kewl powerz" massiv verstärkt wurden reicht ihnen ein kleiner Funke, um zu explodieren und die lange gehegten Phantasien endlich in die Tat umzusetzen.

Die zweite Theorie basiert darauf, dass einige Nerds mit den neuen Energien, die nun unsere Welt durchfluten, nicht fertig werden und plötzlich in absolut unvorhergesehener Weise reagieren. Eine Varianz dieser Theorie ist, dass nicht die nerdischen Energien alleine, sondern eben der verquere Mix aus profaner Realität und Nerdor der Auslöser für die geistige Verwirrung ist. Letzten Endes ist es den meisten Menschen aber auch herzlich egal warum jetzt ein sabbernder Nerd mit einem Küchenmesser vor ihnen steht, Fakt ist er steht da und das könnte sich zu einem ernsthaften Problem entwickeln...

Bisher war für den Amoklauf jedoch immer ein Auslöser vonnöten, es ist kein Fall bekannt, in dem ein Nerd Morgens aufgestanden ist und sich gedacht hat „Heute schlachte ich meine Kollegen ab". Es gab bisher stets, zumindest aus Sicht des Betroffenen, einen guten Grund für seinen Ausraster. Dies konnte die wiederholte Schmähung durch eine hübsche Frau, das Übergangen werden bei einer Beförderung oder Mobbing seitens der Kollegen sein.

Das Beängstigendste an ihnen ist allerdings ist, dass von ihnen aus irgendeinem Grunde wirklich Gefahr ausgeht, im Gegensatz zu einem herkömmlichen

Nerd kann man einen der Amokläufer nicht einfach umschubsen und beobachten wie er sich wie ein Käfer auf dem Rücken windet, er stellt eine echte Bedrohung in einer Auseinandersetzung dar und ist in der Lage, jeden als Waffe mißbrauchbaren Gegenstand auch als solchen zu benutzen. Als sicherste Methode, die Amokläufer auszuschalten, hat es sich bewährt sie irgendwie abzulenken und dann zu überwältigen, wobei sich Nerds sehr leicht durch Zitate aus Lieblingsfilmen oder ähnlichen Dingen ablenken lassen.

Den meisten Amokläufern ist eine kurze Karriere beschieden: Sie rasten aus, richten ein Blutbad an und werden gestoppt. Diejenigen allerdings, die nicht gestoppt werden, haben das Problem, dass sie hinter sich alle Brücken abreißen mussten, worüber nicht wenige von ihnen vollends den Verstand verlieren und den einmal betretenen Pfad der Gewalt weiter beschreiten. Diese können sich zu gefährlichen diabolischen Entitäten entwickeln, wenn niemand ein Auge auf sie hat.

Sinnlose Terroranschläge, übertriebene Maßnahmen der Militärs, repressive Regierungen, Entführungen durch Ufos, Experimente an Hunden und gescheckten Kätzchen. Hinter alldem steckt dasselbe Übel. Hinter alldem steckt das Böse. Hinter alldem stecken ehemalige Amokläufer.

Oder aber jemand völlig anderes.

Des Spielleiter fette Beute

Es stellt sich nun die Frage, wie man das hier aufgezeigte Potential in Form von Szenarien an die eigene Gruppe verfüttern kann. Gut, zuerst stellt sich die Frage, ob hier überhaupt ein Potential vorhanden ist, was ich doch stark hoffe. Kommt man nun zu dem Schluss, dass wenigstens ein paar Absätze hier halbwegs brauchbar sind, dann macht man sich Gedanken wie man diese aufgreifen kann und was wäre ich für ein Autor, wenn ich nicht wenigstens versuchen würde eine paar Ideen zu liefern? Einer der seine Motivation seinem Gehalt anpasst, aber ich bin schließlich Idealist und Visionär.

Am naheliegendsten ist hierbei sicherlich ein paar Szenario-Vorschläge anzubringen, wie man das hier erwähnte zu seinen Nutzen drehen kann, da ich jedem Leser allerdings unterstelle, dass er eine gewisse Rollenspielerfahrung mitbringt, immerhin handelt es sich hier um den Folgeband eines Nischenproduktes, möchte ich auf eine wirklich ausufernder Beschreibung verzichten und nur ein paar kurze Impulse geben. Nachher heißt es sonst noch ich hätte euch in eurer Phantasie eingeschränkt. Dann wollen wir mal:

- Die Charaktere sind Frischlinge in der DORP und erkennen langsam auf was sie sich da eingelassen haben.

- Die Charaktere haben sich der PROD angeschlossen um deren gerechten Krieg zu führen müssen allerdings erkennen, dass es sich hier im Grunde um dasselbe in Grün handelt.

- Die Charaktere erfüllen das Opferprofil einer Splittergruppe und werden erbarmungslos gejagt.

- Die Charaktere sind kein Teil der DORP/PROD/einer Splittergruppe, werden jedoch mit den Auswirkungen deren Treiben konfrontiert.

- Die Charaktere erhalten fälschlicherweise eine Botschaft, die für ein Tripple gedacht war. Jetzt jagt die DORP sie, weil sie die Botschaft will und die PROD, weil sie die Charaktere für DORPer hält.

- Die Charaktere befinden sich im Raum mit einem Amokläufer.

Am Rande der Finsternis

Es kann natürlich auch sein, dass der geneigte Spielleiter sich etwas ganz anderes ausgedacht hat und nur um Flair zu erzeugen auf Teile dieses Kapitels zurückgreifen möchte. Es soll ja so Leute geben, die gerne atmosphärisch dicht beschreiben und versuchen die Spieler in ihren Bann zu ziehen. Hab' ich jedenfalls gehört. Hierfür bietet es sich an einige Versatzstücke aus diesem Kapitel einzuflechten, eine Radiomeldung über einen Geek, der in völliger geistiger Umnachtung versuchte einen T-Punkt abzureißen oder ähnliche Begebenheiten.

Man kann seine Charaktere auch auf DORPer stoßen lassen, die gerade irgendetwas im Schilde führen oder sie aus sicherer Distanz eine Auseinandersetzung zwischen DORP und PROD beobachten lassen. Natürlich gibt es noch viele andere Möglichkeiten, den Flair dieses Kapitel auch im Detail einzufangen und ich denke ich kann dies ruhigen Gewissens in eure erfahrenen Spielleiterhände legen.

Zum guten Schluss

Es sei noch einmal explizit darauf hingewiesen, dass es natürlich euer Spiel ist, ihr müsst euch in keiner Weise sklavisch an das halten, was in diesem Buch steht, ihr könnt Dinge weglassen, Dinge hinzufügen, Dinge verändern ganz wie es euch beliebt.

Vielleicht denkt der ein oder andere unter euch auch ich hätte hier jetzt knapp neun Seiten nichts als Unsinn geschrieben und den größten Blödsinn seit Menschengedenken verfasst, dann überblättert das Kapitel, reißt es heaus und verbrennt es, wenn ihr euch dann besser fühlt, aber lasst mich nicht dumm sterben und sagt mir, was ich beim nächsten Mal besser machen soll (Alles? Ihr seid so gemein...).

Es ist euch natürlich erlaubt neue Splittergruppen zu erfinden, das ist sogar erwünscht, auch große Gruppen mit dem Potential der DORP oder PROD ist kein Problem, nur vor einer Sache muss ich euch als Autor dieser Zeilen noch einmal warnen: Die meisten Parteien sind richtig, richtig böse. Ihr könnt das Spiel spielen, aber ihr dürft niemals mit den dargestellten Gruppen sympathisieren, dann werdet ihr ganz furchtbar schlechte Menschen. Eure Charaktere in der Rolle einer bösen Splittetergruppe wie den Ärzten? Nicht auszudenken, damit will ich als Autor gar nichts mehr zu tun haben...

Die Janitoren

Morpheus: Wenn du keiner von uns bist, bist du einer von ihnen.
Neo: Wer sind die?
Morpheus: Intelligente Programme. Sie haben die Fähigkeit, sich in jede Software einzuklinken, solange sie an ihr System angechlossen ist. Das bedeutet, dass alle Wesen, die nicht von uns entkoppelt wurden, potentielle Agenten sind. Innerhalb der Matrix sind sie jedermann ... und gleichzeitig niemand. Wir überlebem, indem wir uns vor ihnen verstecken und vor ihnen fliehen. Sie sind die Beschützer der Matrix. Sie sichern alle Türen und kennen jeden Code. Das bedeutet, dass früher oder später jemand sie angreifen muss.
- The Matrix

„Guten Morgen meine lieben Kinder", begrüßte Fräulein Müller-Schnigge ihre Zweitklässler, „wie ich euch bereits angekündigt hatte haben wir heute einen ganz besondern Gast, Herrn Roland, den ihr ja sicherlich alle kennt, schließlich hat er euer aller Lieblingsbuch ‚Harald Töpfer' geschrieben". Mit einem bis zur Schmerzgrenze fröhlichen, beinahe grenzdebilen Lächeln öffnete Fräulein Müller-Schnigge die Klassentüre und ein übergewichtiger Mann, der die Welt nur durch zwei Flaschenböden sah betrat den Raum. Während er auf dem Lehrerstuhl Platz nahm sprach Fräulein Müller-Schnigge wieder zu den Kindern: „Herr Roland wird euch jetzt etwas darüber erzählen, wie wichtig ein guter Umgang miteinander ist, nicht wahr?" „Selbstredend, junge Dame, ich hätte allerdings noch eine Bitte: Mir ist da draußen ein kleines Malheur mit dem Garderobenhaken passiert vielleicht könnte der Hausmeister, wie hieß der gute Mann noch gleich?" „Herr Platt." „Ja, genau, vielleicht könnte Herr Platt sich darum kümmern."

„Aber sicher, ich gehe ihn gleich holen."

Nachdem er Fräulein Müller-Schnigge endlich losgeworden war, warf Roland einen genaueren Blick auf seine Zuhörerschaft: Knappe 25 Kinder, 13 Jungs und 12 Mädchen, schauten ihn mit großen Augen erwartungsvoll an. Ein Kind unschuldiger als das andere, noch gänzlich unberührt von der Schlechtigkeit der Welt, könnten sie keiner Fliege etwas zu Leide tun. Es offenbarte sich Roland ein Anblick, der sich nur mit Adjektiven wie „niedlich", „putzig" oder „süß" umschreiben ließe. Schließlich setzte er an:

„Bestimmt hat eure Lehrerin euch schon viel beigebracht und euch längst erzählt wie wichtig es ist andere Menschen gut zu behandeln und dass immer freundlich zu ihnen sein müsst und so weiter und so fort… ich bin nun hier, um euch beizubringen, dass es auch Ausnahmen gibt, dass es Menschen gibt, die eure Freundlichkeit nicht verdienen, sondern die mit Stumpf und Stiel ausgelöscht gehören. Bei genauerer Betrachtung werdet ihr gar merken, dass es sich dabei gar nicht um Menschen handelt, sondern um widernatürliche Abnormitäten!

Ihr kennt sie alle, sie zwingen jedem Ort, an den sie kommen, ihre perverse und sinnentleerte Ordnung auf, sie ersticken jede Kreativität ihm Keim und machen einen jeden von uns zu ihren hirnlosen Sklaven, wenn wir ihnen nur die Gelegenheit dazu geben. Sie überhäufen uns mit vollkommen stupiden Arbeiten und verhindern jede Form von Eigenintelligenz, bestrafen sie sogar! Wer schüttelt nicht den Kopf, wenn er Lampen mit Heißkleber montieren soll oder sich vorwerfen lassen muss, zuviel zu denken?

Wer verzweifelt nicht, wenn er mit ansehen muss, wie sie die einfachsten Aufgaben mit den umständlichsten Mitteln lösen… und wessen Geist kapituliert nicht schlussendlich vor der ewigen Monotonie? Letzen Endes brechen sie jeden freien Willen und hüllen jeden Verstand ein, bis ein jeder von uns nur noch ein willenloser Sklave der profanen Welt ist. Und warum tun sie das? Damit ihr nicht erkennt, dass dies hier nicht die einzige Welt ist, damit ihr ewig schlaft und nicht im herrlichen Nerdor erwacht.

Wir überleben, indem wir uns vor ihnen verstecken und vor ihnen fliehen. Sie sind die Beschützer der *profanen Welt. Sie sichern alle Türen und besitzen jeden Schlüssel. Das bedeutet, dass früher oder später jemand sie angreifen muss. Wisst ihr von wem ich rede meine Kinder?"*

Mit der Präzision eines Uhrwerks antworteten alle 25 Kinder mit nur einem Wort: „Hausmeister." Da öffnete sich die Tür und es blickte ein etwa 40-jähriger Mann in den Raum, dessen Blaumann im Laufe der Jahre gänzlich grau geworden war. Der Mann strahlte trotz seiner offensichtlichen Dummheit eine enorme Bedrohlichkeit aus und sprach schließlich: „Joah[1], habt ihr mich gerufen Kinder?" Mit einem Grinsen entgegnete Roland: „Sie kommen gerade rechtzeitig, Herr Platt." In diesem Moment griffen die Schüler nach ihren Stiften, Zirkeln und Kugelschreibern, sprangen von Stühlen auf und stürzten sich auf den Hausmeister. Während sein schmerzerfülltes Stöhnen schon bald verstummte, schrie Fräulein Müller-Schnigge, die noch auf dem Flur stand aus voller Brust.

Nach wenigen Augenblicken war alles vorbei, die blutbeschmierten Kinder setzten sich wieder auf ihre Plätze als sei nichts gewesen, Roland stand auf, nahm seinen Mantel und verabschiedete sich von der paralysierten Lehrerin: „Reizende Schüler haben sie da, sie können wirklich stolz auf die Kinder sein."

Man muss sich einmal in die Situation der profanen Welt hineinversetzen. Man liegt gelangweilt mit einem Bier in der Hand auf der Couch, döst friedlich und unbewegt vor sich hin als plötzlich irgendein Blödmann die Abflussleitung sabotiert und man bis zum Hals in der Scheiße steht. So was fällt ganz klar in den Verantwortungsbereich des Hausmeisters.

Genau das hat sich die profane Welt auch gedacht und die Armee der Hausmeister, die Janitoren, zu ihren Agenten auserkoren. Sie sind also dafür zuständig, dass die Welt so bleibt wie sie ist: Grau, trist und langweilig. Klingt vielleicht furchtbar, aber man bedenke, dass „Mögest du in interessanten Zeiten leben" ein alter chinesischer Fluch ist.

Die Janitoren sind also die Hüter der Langeweile einzusetzen. Was aber macht ein Hüter der Langeweile?

Nun, Nerds verkörpern in gewisser Weise eine galaktische Form von fröhlichem Chaos. Bei einem Nerd ist immer alles in Bewegung, nicht nur die Fettpolster um seine Hüfte herum. Er analysiert Fahrstuhlmusik auf Parallelen zur Musik des Erich Zann, hat einen Tacho, der die Geschwindigkeit in „Warp" angibt und vergleicht ständig die unrealistischen Lichtverhältnisse vor seiner Türe mit denen aus *Der Herr der Ringe*.

Für einen Janitor ist das unerträglich. Für ihn ist die Welt fest, unerschütterlich, wie eine gute Mauer. Die Menschen sind die Steine dieser Mauer,

---

[1] Joah – ein wundersamer Laut

In den Beschreibungen der Janitoren stößt man immer wieder auf diese Satzeinleitung, deren Aussprache hier einmal kurzer näher beleuchtet werden soll. „Joah", das liegt rein von den Buchstaben her zunächst einmal zwischen „Jo" und „Ja" und bildet so einen Laut, den man mit dem gewöhnlichen Buchstabenalphabet nur schwerlich abdecken kann. Ergänzt mit dem ‚h' am Ende, welches auf eine verlängerte Betonung des Vokals hindeutet, seien zunächst einmal ein paar typische Fehler ausgeräumt:

Weder wird das Wort mit einem langen, geschlossenen o-Laut wie etwa in „Boot" oder „Koma" gesprochen, noch mit einem kurzen, offenen o-Laut wie in „Gott" oder „Komma".

Vielmehr handelt es sich um einen langen und dennoch offenen o-Laut, wie er sich etwa im englischen „all" findet; je nach Sprecher kann er aber auch nasal klingen, wie im Französischen beim „garçon".

Wer hingegen in den Neunzigern groß geworden ist, der kann sich den Laut ganz ähnlich dem Vorstellen, der das klassische „Boah ey!" ausgezeichnet.

Damit ist es aber noch nicht getan. Der klassische Janitor betont das j am Wortbeginn kaum. Man muss es mehr hauchen, ohne dabei jetzt unnötig lasziv zu klingen. Sprecht einmal das Wort normal aus, mit der Vokal-Hilfe, die oben gegeben wurde. Beachtet, wie eure Zunge am Ende steht – haltet sie dort. Und nun sprecht das Wort erneut und deutet den Zungenschlag des j nur leicht an.

Der letzte Schritt zum echten Janitor liegt in seiner Kurzatmigkeit. Nachdem wir ja bereits eingeübt haben, wie man das „Joah" ausspricht, atmet aus. Nicht übertrieben, einfach nur so, als würdet ihr in Folge eben wieder einatmen. Das tut ihr aber erst, nachdem ihr gesagt habt, was der Janitor zu sagen hat. Das kann am „Joah" gut geübt werden, sollte aber generell mit den Sätzen dieser Truppe so gemacht werden.

Wer diese Schritte beherzigt, wird seine Gruppe zweifelsohne mit einer überaus bizarren Darbietung beeindrucken können.

wenn eben einige auch aus Granit und andere aus Rigips gefertigt sind. Doch damit diese Fragmente zusammen Bestand haben können, braucht es auch noch Mörtel. Die Regeln, nach denen unsere Welt gebaut ist, sind dieser Mörtel.

Doch wenn Gestalten umherlaufen, die wie Nerds an diesen Grundfesten rütteln, und sei es auch nur so zum Spaß, dann wird der Mörtel Spröde und die Wand hält nicht mehr.

Die Wand, das ist das Zusammenspiel der Menschen untereinander. Sie ist aber zugleich auch das tragende Element eines größeren Gebildes, eines Hauses. Dieses Haus, als Verkörperung der gesamten Menschheit und ihres Schaffenspotentials, kann keinen Bestand haben, wenn kleine Gestalten beständig die Grundfesten erschüttern. Also muss dem Einhalt geboten werden.

So kann es einem DORPling passieren, plötzlich Ziel der Janitoren zu sein, die versuchen werden, ihn zu vereinnahmen und stumpfen Lehren und harter Arbeit zu brechen. Es kann aber sicherlich auch einem Janitor an den Kragen gehen, wenn er sich in die falschen Gebiete vorwagt.

Doch sind die Gebiete, in denen Janitoren und jene, die fest in der Hand der Nerds nicht mehr so scharf getrennt wie noch vor einiger Zeit. Stellt man sich die Situation einmal als Schachbrett vor, wobei die weißen Felder den Janitoren und die Schwarzen den Nerds gehörten, dann sind im Moment alle Felder grau. Manche sind vielleicht eher hellgrau und manche eher dunkelgrau, aber eine wirklich definitive Zugehörigkeit lässt sich daraus nicht mehr ableiten.

Das ist insofern gut für die Nerds, als dass die schwarzen Felder ehedem fast alle in Nerdor lagen und insofern schlecht, als das die Janitoren in ihrer Aufgabe als Verteidiger der Banalität ein wesentlich aggressiveres Verhalten als bisher an den Tag legen.

Zwar verfügen auch die Janitoren über teilweise beeindruckende Fähigkeiten, zum Beispiel „die Stimme", deren sonorer Klang alles in und jeden innerhalb kürzester narkotisiert, doch sind diese mit den Fähigkeiten der Nerds nicht zu vergleichen. Dafür funktionieren sie immer und körperlich sind die Janitoren ohnehin überlegen. Körperlich wäre allerdings auch ein 4-jähriges Mädchen überlegen…

Obendrein ist die Anzahl der Janitoren Legion. Für jeden der besiegt wird scheinen zwei neue zu entstehen, sie können überall sein. Sie sind jedermann … und gleichzeitig niemand.

für den SL:
Die Umsetzung am Spieltisch

Wie immer stellt sich natürlich die Frage, was genau man mit den gegeben Informationen am Spieltisch anfangen kann. Was sich natürlich anbietet sind unzählige Matrix-Persiflagen von zweifelhafter Qualität, wie sie auch über dieses Buch verteilt sind. Doch wollen wir euch natürlich nicht so billig abspeisen und versorgen euch mit ein paar originelleren Anhaltspunkten. Wie wäre es denn zum Beispiel mit dem ewigen Hausmeister?

Der Prophet im Blaumann

Gemeinsam machte die Janitorenkolonne ihre Runde. Den Stand des Öls prüfen, gucken ob kein Rohr leckt, die Dampfkessel kalibrieren – alles waren wichtige Tätigkeiten. Und sie gingen ihnen nach – geflissentlich, doch ohne wirklichen Enthusiasmus.

Daher kam es auf jeder Runde wieder zu den gleichen Gesprächen.

„Joah. Hans-Peter, was fährst du noch mal für ein Auto?"

„'n Mondeo."

„Joah."

„Der is' schnell."

„Joah, was tankst du denn so?

DEINEN SINN FÜR REALISMUS IN ALLEN EHREN, ABER ICH WÜRFLE NIEMALS AUF DER „TÄGLICHER-STUHLGANG-TABELLE"!!

„66: WEICH UND BRAUN" ECHT EY!

„Das gute. Das hat ja 100 Oktan.“

„Joah. Is‘ wohl teuer.“

„Hm, wir sin‘ ja auch nur die Hausmeister...“

Diese Dialoge kamen Tag für Tag, schon seit Jahren. Doch heute sollte es anders werden als jemals zuvor, denn diesmal ertönte auf diesen normalerweise finalen Satz ein Einspruch: „Das kannst du so nicht sagen.“

Langsam drehten sich alle Gesichter zum Redner, Reinhold. Reinhold war noch nicht so lange da und für den Geschmack der meisten Hausmeister auch noch zu jung für den Job, aber er hatte die Stelle nun mal bekommen. Dennoch spürte auch er, dass er gerade an einem Scheidepunkt des kollegialen Verhältnisses angelangt war.

„Ja, wisst ihr, es gibt da so‘n Typen, der ist Hausmeister an der Schule im Ort. Michael Moorschwanz. Der hat da so eine These. Also wir, die Hausmeister, wir sind alle Repräsentanten eines Prinzips. Einer Konstante sozusagen. Immer hat es Hausmeister gegeben, immer wird es sie geben. Wenn einer stirbt, wird ein neuer geboren, so etwas in der Art. Und wir alle bewegen uns auf vorgegebenen Bahnen.

Ein göttliches Prinzip, nein, sogar größer als Gott, will, dass wir diesem Weg folgen. Und irgendwo, zwischen allen Dimensionen der materiellen Welt, steht ein großes Haus. Unsere Existenzen, sie alle Grenzen an dieses Haus. Es hat eine riesige Wartungsetage, mit Millionen von Rohren, Tausenden von Heizkesseln und einem Sicherungskasten, so groß wie der Staat Texas.

Manifestationen dieses Hausmeister-Geistes, sie treffen sich dort in diesem Haus, wenn sie aus versehen in die Fugen rund um die Kachel, auf der ihre Dimension liegt, stolpern. Es ist ein Labyrinth, in dem Raum und Zeit aus den Fugen sind.

Diese Manifestation, Moorschwanz nennt sie den ‚ewigen Hausmeister‘. Ziemlich eingängig, oder?“

Es herrschte Stille. Lange. Dann wurde sie von einem „Joah.“ unterbrochen, um noch in eine zweite Halbzeit zu gehen.

Letztlich räusperten sich alle Anwesenden einmal, blickten Reinhold noch einmal schräg an und gingen dann wieder ihrem Tagewerk nach.

Die Idee von Michael Moorschwanz, einem Propheten unter den Janitoren, birgt viel Potential. Einerseits sind die Janitoren die Hüter der Langeweile.

und damit eigentlich gänzlich ungeeinget, um mit einem derartigen Konzept umzugehen. Doch gerade das macht einen solchen Boten, insbesondere wenn er als geächtet gilt, zu einem guten Plotaufhänger.

Doch auch das Häuserkonstrukt, in welchem die Manifestation angeblich ihre Runden drehen, bietet viele Möglichkeiten. Was etwa, wenn es kein Hausmeister, sondern eine Gruppe Nerds ist, die durch die Fugen rutschen und in diesem endlosen Labyrinth finsterer Gänge, voll rostiger Rohre und flackernder Röhren, müssen.

Wie kommen sie in dieser lebensfeindlichen, oder zumindest lebensfreudefeindlichen, Umgebung zurecht, in der auch noch jedes andere Lebewesen eine Manifestation der Janitoren ist?

Und zuletzt bleiben natürlich noch die eher esoterischen Fragen – was hat den Janitor zum Propheten gemacht und was ist dies genau für ein Ort, jenes Haus zwischen den Fugen?

Eine zweite etwas einfallsreichere Möglichkeit die Janitoren zu verwenden, noch dazu eine von höchster metaplottechischer Relevanz, versteckt sich hinter der folgenden, bedeutungsschwangeren Information: Die Janitoren Graben.

Tiefgang

Janitor: You know, you could have just asked me to stop harassing you for about a year...
J.D.: Okay, I want that!
Janitor: Too late.
- Scrubs

Die kühle Morgenluft durchdrang die Lungen der beiden Nerds, als sie sich vorsichtig der Absperrung näherten. Morgenluft, das war ungewohnt. Der komische Duft, der schlimmstenfalls mal nach einer durchwachten Con in die Nasen vordrang.

Aber sie hatten eine Mission. Und sie waren entschlossen, sie durchzuführen.

Sie hatten eine Mission. Und Schokolade. Chips hatte man ihnen verboten, wegen dem Schleichen und so.

Als sie den Rand der Absperrung erreichten, trauten sie ihren Augen nicht. Es waren keine normalen Hausmeister, die sie dort sahen – es waren Janitoren, die Hüter der Langeweile. Sie sahen fünf von ihnen, wie sie

41

sich gerade um ein Loch scharten. In der Ecke standen zwei Thermoskannen sowie allerlei schweres Baugerät, ihre Körper dagegen waren wie immer in die typischen Blaumänner gehüllt.

Sie konnten nicht genau verstehen, wovon geredet wurde, nur vereinzelt drang das Wort an ihr Ohr, an dem man selbst den bestgetarnten Janitor erkennen würde: „Joah..."

„Was machen die da?" fragte der Eine.

„Keine Ahnung..." flüsterte der Andere.

Vorsichtig wagten sie sich näher an den Rand. Vollkommen war ihnen klar, dass sie, würden sie dort nun herunter rutschen, keine Hobbit-Tarnmäntel hätten, um ihr Leben zu retten. Doch bevor sie, durch diese Erkenntnis in Panik versetzt, etwas Dummes tun konnten, verschwanden die Janitoren langsamen Schrittes in der Dunkelheit.

Die Nerds, natürlich beide Cyberknights, krochen langsam herunter. Vor ihnen erhob sich nun die nachtschwarze Öffnung, die offenbar tief ins Erdreich führte. Eine muffige, staubige Luft schlug ihnen von dort entgegen, sowie Wärme.

„Willst du da echt reingehen?" fragte der Eine.

„Ich habe keine Angst vor der Dunkelheit. Die Dunkelheit hat Angst vor mir." murmelte der andere, offenbar weniger überzeugt als der reine Wortklang es vermuten ließ, und schritt vorsichtig in das Loch hinein.

Der Weg war lang und steinig. Mehrfach fielen beide hin (meist in Kettenreaktion), was natürlich auch damit zusammenhing, dass sie nichts sahen. Doch irgendwann erkannten sie an den Tunnelwänden einen rötlichen Schimmer, der zunahm, je tiefer sie eindrangen. Ganz, als würden sie sich entweder auf einen künstlich beleuchteten Raum oder ein Lavabecken zubewegen.

Es war kein Lavabecken.

Am Ende des Tunnels erreichten sie eine riesige Höhle, bestimmt vierhundert Meter im Durchmesser, gefüllt mit Janitoren. Sie alle werkelten dort, trugen Spitzhacken, Stemmeisen, Bohrmaschinen, Stemmhammer und Kernbohrgeräte von links nach rechts, von rechts nach links.

„Ich wusste nicht, dass es so viele gibt..."

„Der ganze Raum ist voller Janitoren!"

In der Mitte des Raumes aber erhob sich eine gewaltige Bohrmaschine, mindestens zwanzig Meter hoch. Unter gutturalen Lauten betätigte gleich ein Dutzend der Hüter der Langeweile Hebel, schloss Schläuche an, drehte an Ventilen und trat gegen verkannnete mechanische Bauteile. Vereinzelt splitterte der rote Lack bereits ab und entblößte ein offenbar komplett aus Metall gefertigtes Gehäuse.

Der Bohrer, von den Janitoren drum herum nur als „dat Bohr" bezeichnet, war nach unten gerichtet und drehte sich langsam, so als rolle er schon seit Stunden von einer enormen Umdrehungsgeschwindigkeit aus.

Ein Janitor stach heraus. Er sah nicht aus wie die anderen, hatte nicht ihre krumme Haltung, ihren emotionslosen Blick und ihre trägen Bewegungen. Er stand aufrecht und sein Haar, wenn auch auf dem Kopf bereits auf dem strategischen Rückzug, war tiefschwarz, ebenso wie sein Vollbart. Doch das war nicht das Auffälligste an ihm...

„Hey, sie mal!" entwisch es dem einen Nerd.

„Sein Blaumann..." stammelte der Andere. „...ist rot."

Und in der Tat, anders als die normalen Janitoren trug dieser hier keine blaue Latzhose mit einem grauen Kittel, sondern eine signalfarben-rote Montur. Eiskalt überwachte sein Blick die Horden der Diener, fixierte die Untätigen und scheuchte sie wie ein Hund eine Katze.

„Schafft mehr Bohrers darüber!" „Ihr, die Kistens müssen aus dem Weg!" „Schafft mir diese Steins auf Seite!"

„Die Janitoren! Sie graben!" entwisch es dem einen Nerd.

„Und in dem Winkel, in dem sie graben, halten sie genau ... ja, auf was halten sie denn da zu?" fragte der andere. Beide sahen sich nur verständnislos an. Was bezweckten die Janitoren mit ihrer Grabung? Wonach suchen Sie?"

„Vielleicht das Grab Draculas?"

„Wir müssen das Triumvirat verständigen!"

Es kam ein Moment des betretenen Schweigens über die beiden, als sie erkannten, was sie da gerade gesagt hatten. Das Triumvirat war weg. Verschwunden, seit der Konfrontation mit Dr. Nerdoc. Doch was nun?

Mysteriöse Dinge gehen hier vor. Was bezwecken die Janitoren mit ihrer Grabung? Ein großes Konzept steckt dahinter, von langer Hand in allen Details als Trilogie geplant, soll die Wahrheit hinter dem furchtbaren Plan der Hüter der Langeweile hier noch unenthüllt bleiben.

Verschiedene Theorien sind denkbar. Vielleicht suchen sie nach einem besonderen Ort, Atlantis, Zion oder auch die Hohlwelt? Vielleicht einen lange verlorenen Schatz? Vielleicht liegt Draculas Grab ja direkt unter der Grabungsstelle, vielleicht auch Hitlers geheimer Führerbunker?

Die Antwort kann alleine die Zeit bringen.

Doch steckt noch viel mehr in diesem Kapitel, als „nur" die mysteriöse Grabung. Alleine die Quantität der Janitoren deutet auf einen stetigen Konflikt hin. War Janitor bisher als Einzelperson bekannt, scheint sich nun eine ganze Armee von Janitoren die Straßen unsicher (oder sicher?) zu machen. Auch hier bleibt die Frage: was steckt dahinter?

Was also kann man konkret spielen? Nun, zunächst einmal eignet sich die obige Kurzgeschichte ganz vortrefflich zum Nachspielen. Natürlich braucht sie noch ein Finale, doch wer einmal einen Zombiefilm, hier eigentlich bevorzugt einen mit den „reitenden Leichen", gesehen hat, der kann sich dieses schnell improvisieren: die Janitoren werden auf die Eindringlinge aufmerksam, woraufhin diese fliehen müssen.

Die Janitoren können in der Dunkelheit nichts sehen und tappsen unbeholfen hinter den Spielern her, tauchen aber auf mysteriöse Weise immer wieder dramaturgisch im Radius ihrer Fluchtroute auf.

Und natürlich soll an dieser Stelle auch die finstere Kreatur im roten Blaumann nicht außer Acht gelassen werden.

Der Grabungsleiter

Während die generischen Janitoren in ihrem Verhalten, in ihrem Auftreten und ihren Zielen recht genau dem Entsprechen, was zuvor über die Einzelperson Janitor gesagt wurde (vgl. **DORP – das Rollenspiel**, S. 107), sticht diese Person markant aus der Masse hervor. Nicht nur, aber auch, wegen ihres roten Blaumanns. Doch allgemein sticht er vom Körperbau heraus. Neben seiner aufrechten Haltung gehören auch sein enorme Körpergröße, seine

endlosen Muskelmassen und seine riesigen Hände zu klaren Merkmalen. Doch nicht nur körperlich, auch sprachlich ist er leicht zu erkennen, bildet er jeden Plural doch mit einem zusätzlichen ,s' am Ende. Plurals eben.

Es wurde viele Spekulationen aufgestellt, warum der Grabungsleiter aus der Kleidernorm seiner Gruppierung heraussticht, zufriedenstellende Antworten konnten allerdings nie gefunden werden. Die mit Sicherheit beängstigenste Theorie ist aber, dass es unter den Janitoren ebenso wie in der DORP eine frabcodierte Rangordnung gäbe. Demnach wäre ein rot gekleidert Janitor mit einem Mitglied des Triumvirats gleichzusetzen.

Ein solcher, mächtiger Gegner wäre gerade in der jetzigen Zeit gefährlich, da das Triumvirat als verschollen gilt und die DORP, umgeben von teils selbst geschaffenen Feinden, in sich eher auf wackligen Beinen steht.

Mit an Sicherheit grenzender Wahrscheinlichkeit wahrscheinlich zutreffende Berichte der Cyberknights sowie vermutlich komplett versponnene Orakel der Scimietzen legen allerdings den Schluss nahe, dass es sich bei dem Rotgewandten tatsächlich um den Initiator der Grabung handelt. Sein Ziel ist dennoch aber nicht weniger mysteriös.

Auch wie es ihm gelingt, die traditionell eher faulen und engstirnigen Janitoren unter seinem Kommando zu halten, muss wohl klar in den Bereich der Spekulation übergeben werden. Die gängigste Theorie lautet „pure Gewalt". Weiterhin ist es ein beständig anhaltendes Gerücht, dass ein Zivildienstleistender, der einmal mit Kreide an die Wand einer Wartungsetage schrieb „Der Grabungsleiter frisst kleine Kinder", seit Monaten vermisst wird. Warum er das schrieb, ist ebenfalls unklar. Doch ganz offensichtlich schwebt ein großer und mysteröser Plot über der bulligen Gestalt.

Ein Nerd jedweden Regimentes hat ihm noch nie in direkter Konfrontation gegenüber gestanden. Zumindest keiner, der danach je wieder gesehen wurde.

Das Dreigestirn der Gesichtslähmung

„You take the blue pill and the story ends.
You wake up in your bed and you believe
whatever you want to believe.
You take the red pill and you stay
in Wonderland and I show you how deep
the rabbit hole goes."
- **Morpheus, The Matrix**

Er hatte diese Rede schon hundertmal gehalten, hundert Mal hat er sich in dieses längst abrissfällige Haus begeben und aus seinem coolen, roten Ledersessel vor dem alten Kamin die Worte gesprochen: „Schluckst du die blaue Kapsel, ist alles aus. Du wachst in deinem Bett auf und glaubst an das, was du glauben willst. Schluckst du die rote Kapsel, bleibst du im Wunderland und ich führe dich in die tiefsten Tiefen des Kaninchenbaus. Wie entscheidest du dich?"

Diesmal hat er sie das erste Mal zu einem Menschen gesagt und er würde die rote Pille nehmen, ganz sicher, die Neugier würde siegen...

„Gib mir die Blaue." „Was?" Mit der Antwort hatte Morphium nicht gerechnet. *„Du ... willst die blaue Pille?"* fragte er nach.

Der Proband antwortete: „Ja. Gib' schon her das Teil."

Morphium traute seinen Ohren nicht: „Aber warum? Ich biete dir die Wahrheit an. Verstehst du? Die Wahrheit! Du musst nur die rote Kapsel nehmen."

„Genau das ist es. Ich will die Wahrheit gar nicht. Weißt du, es gibt für jeden Menschen eine gewisses Maß an Wahrheit, dass er verträgt und ich weiß wie viel Wahrheit ich vertrage und im Laufe der letzten Zeit wurde mir schon viel zuviel Wahrheit aufgebürdet. Wenn ich im Radio höre, dass es tatsächlich Leute gibt, die herausgefunden haben, dass Kylie Minogue den mathematisch perfekten Hintern hat, dann ist das zuviel Wahrheit für mich. Wenn ich erfahren muss, dass Dieter Bohlens Buch am ersten Tag fast ausverkauft ist, dann ist das zuviel Wahrheit für mich. Und jetzt kommst du und willst mir noch mehr Wahrheiten aufzeigen? Nein danke kein Bedarf. Gib mir die blaue Pille."

Morphium glaubte nicht, was er gerade gehört hatte und gab dem Jungen mit einem Seufzen die blaue Pille. „Danke. Kann ich die auch zu Hause nehmen?

Ich muss noch Auto fahren und will das nicht unter Drogen machen." Entgeistert, beinahe apathisch winkte Morphium ab: *„Nimm sie wann du willst und schick mir doch bitte den Nächsten rein."*

Wenige Minuten später betrat der nächste Kandidat den Raum, Morphium erlaubte sich keine Kunstpause: „Rote oder blaue Pille?" „Ich nehme die Blaue." „Echt?" „Ja." „Ich biete dir 100 Euro, wenn du die Rote nimmst." „Hmmm... ist das alles?" „Na gut ... 150 und einen coolen Japanomantel gibt es gratis dazu." „Nee... der steht mir nicht. Ich bleibe dabei. Blau." „Dein letztes Wort?" „Mein letztes Wort." „Willst es dir sicher nicht nochmal überlegen?" „Ja ... hmm ... ich meine rote Fanta schmeckt ja auch besser als blaue Fanta..." „Siehst du. Rot ist besser. Und denk an das Geld..." „Ja ... ich weiß nicht. Nein. Ich bleib stur. Die blaue Pille." „Blaue Pille?" „Blaue Pille."

„Gut. Hier deine blaue Pille, nimm die zu Hause und schick mir den Nächsten rein." Doch der Kandidat blieb. Wieder war Morphium verwirrt: „Was denn noch?" „Krieg' ich keinen Zonk?" Morphium wurde langsam etwas ungehalten: „Nein, es gibt keinen Zonk und jetzt raus hier!!" Der Kandidat schlich daraufhin rückwärts mit beschwichtigenden Gesten Richtung Tür und verschwand.

Es verging nur die Zeit von ein paar Herzschlägen als die nächste Probandin vor ihm stand. Morphium musterte sie von oben nach unten, dann knallte er die rote Pille auf den kleinen Tisch neben das Glas Wasser und sprach: „Schluck das Mistding runter und folge mir. Mach' keine Mucken oder ich erschlage dich mit dem Schürhaken."

Neben vielen neuen Kreaturen, Nemessisen, diabolischen Entitäten und auch Streitern der normalen Welt, wie die Janitoren, wandeln seit dem Crash der Welten und dem Verschwinden des Triumvirats auch drei merkwürdige Gestalten über die Erde, die keiner Gruppierung zuzuordnen sind. Zu scheinbar keinerlei wirklicher Mimik fähig, werden sie von allen, die von ihrer Existenz wissen, nur das Dreigestirn der Gesichtslähmung genannt.

Zu Beginn waren sie nur zu zweit. Auf einer heiligen Mission zogen Morphium und der heilige Geist durch die Lande und versuchten, ihre Wahrheit unter das Volk zu bringen. Die erste die sie, im wahrsten Sinne des Wortes, schluckte, war ein außergewöhnliches Geek-Girl namens Nea, die daraufhin mangels Alternativen zur Auserwählten ernannt wurde.

So ziehen sie seitdem zu dritt durch alle Herren Länder und versuchen sowohl Nerds als auch Normalos an ihrer Form der Wahrheit teilhaben zu lassen. Nea und der heilige Geist sind einander mittlerweile in ewiger Liebe zu getan, was man ihnen natürlich nicht ansieht, da sie beide immer dasselbe coole Gesicht aufsetzen und würden sie ihre Liebe nicht mit Lippenbekenntnissen bekunden, würden Außenstehende von ihren Gefühlen für einander wohl kaum etwas bemerken und sobald es jemand erfährt läuft es ihm direkt eiskalt den Rücken hinunter. Warum? Das wird sich noch früh genug klären...

Morphium

Ihm war kalt. Der Wind pfiff ihm um die Ohren. Sein Mantel wehte im Wind, was zwar beeindruckend cool aussah, seine desolate Situation aber nicht im Geringsten verbesserte.

Er stand auf dem Anhänger eines fahrenden Gurkenlasters, ihm gegenüber ein Janitor, der drohend einen Besen in seinen Händen balancierte und langsam näher kam. Morphium dachte angestrengt nach, doch ihm fiel zunächst nichts ein, wie er hier wieder heil herauskommen sollte, doch dann zuckte es wie ein Blitz durch seine Gedanken! Das war es!

Als er also gerade weinend und um sein Leben flehend auf die Knie fiel, ging ein Ruck durch den Laster, der es ihm unmöglich machte das Gleichgewicht zu halten und er fiel der Länge nach hin. Der Janitor hatte gar

noch weniger Glück, denn die Erschütterung fegte ihn komplett vom Laster.

Morphium schaute vom Laster herab was passiert war und erblickte einen Kleinwagen an dessen Steuer eine schlanke Person saß, die sich irgendwo zwischen Mann, Frau und Kermit dem Frosch einpendelte.

Morphium wusste genau, wen er da sah, doch er hatte nicht die Muße sich an dem Anblick zu ergötzen und schleppte sich vom Laster über die Hügel in Sicherheit.

Morphium ist ein übergewichtiger Schwarzer mit starken Atembeschwerden und er ist ein Prophet. Seit er in einem merkwürdigen Traum den Auftrag erhielt, zieht er mit seinem alten Freund, dem heiligen Geist, durch die Welt und versucht die Wahrheit zu verkünden. Dummerweise hat er nicht besonders viel zu sagen und seine übertrieben langen und langweiligen Monologe machen es den meisten Menschen auch unmöglich, ihm lang genug zuzuhören, dass er sie an seiner Wahrheit teilhaben lassen könnte. Außerdem ist es ihm nach eigener Aussage nicht möglich die Wahrheit in für Menschen verständliche Worte zu kleiden, weshalb er sie auch lieber in Pillenform reicht.

Auf der ganzen Welt spricht er Nerds an oder lässt sie ominös vom heiligen Geist zu sich führen. Das macht ihm eigentlich noch mehr Spaß, da es ihm selbst etwas mythisches, orakelhaftes gibt. Und mythisch sein mag er gern. Fast so gerne wie cool sein, weshalb er auch immer einen Ledermantel und eine gespiegelte Sonnenbrille trägt, egal wo er ist und egal wie fremd das wirkt. Leider machen ihm das immer wieder ein paar arrogante Geeks madig, indem sie überheblich seine roten Pillen ablehnen oder ihn betteln lassen, bevor sie die Pille schlucken.

Manche beleidigen ihn auch als billigen Drogendealer, der nur seine neue, hippe Designerdroge unter das Volk bringen will. Einmal wurde er auch angeklagt und festgenommen. Zu seinem Glück geschah dies in New York, wo es nicht genug Haftrichter für die festgenommenen Drogendealer gibt, weshalb man ihn nach 24 Stunden wieder laufen lassen musste. Man hat es eben nicht leicht als Prophet.

Es stellt sich nun die Frage, was mit denen geschieht, die sich letzten Endes dafür entscheiden die rote Pille zu schlucken und somit die Wahrheit zu erfahren. Die Erste, die dies tat begleitet Morphium und den heiligen Geist seitdem und wird von diesen als Auserwählte gefeiert: Nea.

Von den übrigen hat man nie mehr etwas gehört, zumindest nichts Auffälliges, sie sind also nicht mit „I choosed the red pill"-Shirts auf die Straße gezogen oder ähnliche Dinge. Manche sind in der Tat verschwunden, manche haben sich einfach nur aus allem zurückgezogen, auch aus ihren Nerdgeschäften. Nur warum? Was genau haben sie erfahren? Die Wahrheit? Vielleicht wissen sie, was mit dem Triumvirat geschehen ist. Vielleicht sind sie auch wirklich nur einer Designerdroge erlegen. Es gibt nur einen Weg das herauszufinden: Nehmt die rote Pille.

Ich nehme die Blaue.

Der heilige Geist

Sie waren hinter ihm her. Die Janitoren. Der heilige Geist war, wie er es aus Filmen gelernt hatte, auf das Dach geflohen. Er versteckte sich hinter einem Schornstein. Da flog die Tür auf und zwei Janitoren kamen auf das Dach. Mit verkniffener Miene schauten sie sich um, als ihr Blick in seine Richtung schwenkte und sich dort für wenige Herzschläge festsetzte, wusste der heilige Geist, dass sie ihn entdeckt hatten. Tatsächlich umschlossen sie die Forken in ihren Händen mit festerem Griff und schritten langsam auf ihn zu.

Der heilige Geist verlor keine Zeit, er drehte sich um und sah zu, dass er so schnell wie möglich das Weite suchte, er spürte wie die Janitoren immer näher kamen, hörte schon ihr keuchendes Atmen als er den Rand des Daches erreicht hatte. Er drehte sich um. Die Janitoren waren verdammt nah gekommen. Schon sauste eine Forke auf ihn herab. Er hatte keine andere Wahl und ließ sich vom Dach fallen. Die Janitoren schauten ihm wütend hinterher als er in die Tiefe stürzte ... und auf halber Strecke die Flügel öffnete und davon flog...

Ja, der heilige Geist ist eine weiße Taube in einem aufgegossenen Latexdress mit dunkler Sonnenbrille und als Taube hat er auch als einziger der Drei eine plausible Ausrede dafür, warum er über keinerlei Gesichtsmimik verfügt. Und weil er eine Taube ist,

läuft es den meisten Menschen eiskalt den Rücken hinunter, wenn sie erfahren, dass er und Nea ein Liebespaar sind. Was ihnen dann wohl durch den Kopf geht?

Aber die wirklich interessante Frage ist: Haben wir es hier mit dem echten, biblischen heiligen Geist zu tun? Wenn ja, von welcher Art oder welchem Ausmaß mag dann die Wahrheit des Dreigestirns sein? Im Namen des Herren unterwegs? Möglich ist es, doch eigentlich sehr unwahrscheinlich ... denn um ein von Gott gesandtes Wesen zu sein, raucht, trinkt und spielt der heilige Geist zu gerne. Er hat Schulden bei der Mafia und dürfte die einzige Taube sein, die Korn bevorzugt trinkt und nicht aufpickt. Wie könnte Gott uns Menschen einen solchen Boten schicken? Andererseits haben wir auch gelernt, dass Gott eine Frau ist, die aussieht wie Alanis Morissette und gerne Skeeball spielt.

Morphium und der heilige Geist kennen sich schon seit Jahren. Das erste Mal begegneten sie sich als Morphium nach einer feuchtfröhlichen Studentenfeier nach Hause wankte und sich zwischenzeitlich überlegte, sich in der Innenstadt auf dem Fußboden ein lauschiges Plätzchen zu suchen. Da flog ihm auf einmal ein weißes Vögelchen zu und zwickte ihn solange bis er schließlich aufstand und nach Hause trottete.

Auf dem ganzen Heimweg erzählte der heilige Geist Morphium, dass er eine wichtige Mission zu erfüllen hätte und sich vorbereiten müsse, bald würde seine Zeit kommen. Außerdem schnorrte er sich ein paar Zigaretten.

Als Morphium am nächsten Morgen wach wurde, war der heilige Geist plötzlich weg, doch schon nach der Erstiparty der Mediziner war er wieder da. Bis zum nächsten Morgen...

Vor wenigen Monaten, kurz nachdem das Triumvirat verschwand, kam der heilige Geist zu Morphium und verkündete ihm, dass ihre Mission beginnen würde. Er trug das erste Mal seinen Matrixdress und hatte einen Beutel mit roten und einen mit blauen Pillen dabei.

In Nea verliebte er sich auf den ersten Blick. Er liebt sie wirklich über alles, mehr als sein eigenes Leben. Dennoch lässt er sich immer wieder auf fremde

Frauengeschichten ein. Er sagt er wäre einfach noch nicht bereit für eine monogame Beziehung. Inwiefern dies die Beziehung der beiden belastet weiß niemand. Man sieht es ihnen ja nicht an...

Nea

Durch die Tür traten drei Janitoren auf Nea zu, einer trug einen Schraubenschlüssel, einer eine Saugglocke und einer eine Heißklebepistole bei sich. Nea ging in eine kämpferische Pose und winkte sie die Janitoren heran. Dies sprachen sich kurz ab.

„Machen wir weiter?"

„Joah."

„Joah."

„Sie ist immer noch nur eine Frau."

Dann griffen sie an. Den ersten schlug Nea mit einer lässigen Handbewegung beiseite, den zweiten hielt sie am Hals fest und stellte amüsiert fest: „Ahhh, Upgrades." Danach schleuderte sie auch ihn weg.

Es entbrannte ein harter und unerbittlicher Kampf bis Nea auf einmal mit weinerlichem Ton anfing zu schreien. „Mein Nagel! Mir ist der Fingernagel eingerissen. Ihr Schweine." Die Janitoren stellten sofort die Kampfhandlungen ein und sahen abwechselnd sich und Nea betroffen an, bis schließlich einer sagte: „Tut uns leid, Kleine. War keine Absicht." Dann trotteten sie mit gesengtem Haupt von dannen.

Nea, eine für ein GeekGirl recht hübsche Frau Anfang 20, war die Erste, die sich für eine rote Pille entschied, obwohl Morphium ihr die blaue gar nicht anbot und drohte sie mit dem Schürhaken zu erschlagen, falls sie Widerworte gab. Der Freude darüber, dass er endlich einen Nerd gefunden hatte, der die Wahrheit schluckte, verlieh er zum einen Ausdruck dadurch, dass er allen eine Runde Prosecco ausgab und weil ihm das noch nicht reichte, erklärte er Nea im Vollrausch kurzerhand zur Auserwählten. Sie freute sich natürlich riesig. Fast so sehr wie am nächsten Tag als sie mit Morphiums EC-Karte einkaufen gehen durfte.

Sie kaufte sich coole schwarze Klamotten, ein tolles Motorad und eine süße Katze. Die Katze und der heilige Geist verstanden sich von Anfang nicht besonders, so versuchte die Katze wiederholt den heiligen Geist zu fressen.

Dem Unmut darüber machte dieser natürlich Luft. Nea allerdings mochte es gar nicht, wenn der heilige Geist schlecht über ihre Katze sprach, was sein Werben um sie nicht gerade leichter machte. Durch eine perfide Intrige gelang es ihm, den Mitbewerber aus dem Rennen zu schlagen. Er lockte ihn des Nachts in einen DORP-Club.

Kurz darauf vernahm er auch schon das angenehme Summen eines Müllschluckers.

Die Katze war aus dem Weg geräumt und so gelang es ihm endlich, Neas Herz zu erobern.

Welche Wahrheit Nea zuteil wurde als sie die Pille nahm, vermag sie nicht zu sagen, sie meint es wäre zu wundervoll, um es in Worte zu fassen (ich sage, die Pille kombiniert mit dem anschließenden Prosecco war einfach ein bisschen zuviel für die Gute...) und drängt die meisten Leute dann selbst, eine Pille zu nehmen. Da sie, wie bereits gesagt, gut aussieht, schlägt das Dreigestirn Kapital daraus.

So verführt sie manche Nerds und löste den Inhalt einer roten Pille dann in ihrem Drink auf oder versprach ihnen vorm Liebesspiel, dass es viel besser wäre, wenn er doch noch eben diese Pille einschmeißen würde.

Wie man sich vorstellen kann, war diese Kampagne ein voller Erfolg, es gehört sicherlich nicht sehr viel dazu, einen Nerd zu verführen. So verteilt das Dreigestirn heute mehr rote Pillen als je zuvor.

Die Zeit wird zeigen ob dies zum Guten oder zum Bösen ist...

Neben den jeweils anderen Beiden des Dreigestirns gibt es eine weitere wichtige Person in ihrem Leben. Eine Person wie ein Mysterium. Ein menschgewordenes Enigma. Das Orakel.

Das Orakel

„Der Kasus macht mich lachen.“
- J.W. v. Goethe, Faust I

„Und du meinst wir werden hier echt erleuchtet?“

Detlef war unschlüssig, doch Ernst legte ihm nur beruhigend die Hand auf die Schulter.

„Vertrau mir – meine Quelle ist zuverlässig. Das hier soll ein richtiger Trip sein!“

Beide saßen in einem Vorlesungsraum ihrer Uni. Eine Gastdozentin war im Haus und es hatte eine anonyme E-Mail im Hausnetz gegeben, sie habe Nerdor gesehen. Klar, dass echte Nerds dann im Publikum sitzen. Bisher allerdings war die Frau, die in der Mail nur „das Orakel“ geheißen hatte, noch nicht da, doch als Ernst einmal mehr den Kopf zur Türe drehte, stand sie da.

Sie war klein, dennoch von erschreckender Dürre, geradezu mager. Ihre Haare lagen konfus und formlos um ihr Gesicht und ihre irren Augen, die in nie endenden und sich immer neu erfindenden Mustern in ihren Höhlen kreisten, wurden nur durch die Brille kaschiert, deren Stärke in etwa der Vergrößerungsleistung des Hubble-Teleskops zu entsprechen schien.

Langsam schritt sie nach vorne, ein eigenartiges ‚hihi‘ von sich gebend, verharrte dann hinter ihrem Pult. Dann ließ sie ihren Blick durch den Raum schweifen.

„Hallo. Hihi.“

Detlef warf Ernst einen finsteren Blick zu. „Ich könnte jetzt noch im Bett sein...“

„Die Erleuchtung kommt schon noch!“ erwiderte der andere.

Das Orakel hatte derweil einen Projektor nach vorne gezogen, betätigte nun den Einschalter. Nichts passierte.

„Oh, der kommt gleich. Hihi“

Doch offensichtlich tat er das nicht. Auch nicht, als das Orakel mehrfach den Einschalter drückte.

„Der Kopf!“ schalte es aus dem Plenum, und als das Orakel nur hilflos starrte, folge „Er ist zugeklappt und zeigt auf die falsche Wand!“

„Oh. Hihi.“ Der Kopf wurde ausgerichtet und aufgeklappt ... doch Detlef entging nicht, dass das Unterlicht des Tageslichtprojektors noch immer nicht brannte.

„Der Stecker!" schallte es aus dem Plenum. Und weiter: „Ist der Projektor eingesteckt?"

„Hihi, Moment … nein, sie haben Recht. Hihi." So zog das Orakel das unauffällig orange Kabel unter dem Gerät hervor und steckte es ein … summend entflammte das Licht unter dem Gerät.

„Hihi."

Einst war das Orakel nur eine normale verwirrte Dozentin gewesen. Sie war Geisteswissenschaftlerin, lebte für ihre Arbeit und hatte es tatsächlich geschafft, ihr Synapsen so zu verkabeln, dass selbst die irrste Germanistik locker verarbeitet werden konnte, ebenso wie Philosophie und Theologie immer richtig saßen.

Doch dann brach die Barriere zu Nerdor und der Geist der wirren Welt brannte sich auch in ihren Schädel. Sie ist erleuchtet, aber leider hat das Wissen um die vollkommene Wahrheit alles verbraten, was normale Menschen an Hirnleistung für die praktischen Dinge des Lebens aufheben.

Sie ist die personifizierte Verpeilung, die so viele Lehrer und Professoren dieser Welt an sich haben, sie ist pures Wissen und vollkommene Verschleierung zugleich.

In ihren Augen liegt wahnsinnige Erkenntnis, aus ihren Mund erschallt dagegen erkennender Wahnsinn.

Wenn immer Nerds Rat brauchen, so weiß ihn das Orakel mit Sicherheit – ob sie den Rat aber auch geben kann, das steht zumeist auf einem ganz anderen Blatt.

Für den SL: Die Wahrheit™

Die Wahrheit ist irgendwo da draußen. Nicht raunen, alle wussten, dass dieser Satz in diesem Kapitel unvermeidlich war und früher oder später kommen musste. Hier also werde ich die schmutzige, unverblümte Wahrheit über das Dreigestirn offenbaren: Es gibt keine.

Es gibt keine? Wofür dann das Kapitel? Zur Belustigung. Außerdem mochte ich die drei einfach. Aber es ist ja nicht so, dass sie absolut überflüssig wären, man kann ja durchaus etwas mit ihnen anfangen. Mir sind da vier Möglichkeiten eingefallen:

One of us

Das Dreigestirn hat seinen Auftrag von niemand geringerem als dem Triumvirat erhalten. Dieses ist nämlich nicht einfach nur verschwunden, sondern hat neue Erkenntnisse gewonnen und sah sich daraufhin genötigt den Kurs zu wechseln, um das Schiff nicht gegen den metaphorischen Eisberg zu lenken. Die roten Pillen (rot, die Farbe des Triumvirats…) lassen demnach die Nerds an der neuen Erkenntnis des Triumvirats teilhaben. Wenn die roten Pillen Botschaften vom Triumvirat enthalten, ist auch klar, warum niemand sie in Worte kleiden kann, denn die Herrlichkeit des Triumvirats übersteigt den rationalen Verstand und spricht direkt das Herz und die Seele der Nerds an.

Welche Erkenntnis dem Triumvirat zuteil wurde? Dies alles und noch viel mehr werden sie im spannenden Finale des DORP-Rollenspiels erfahren. Für den Moment muss der Spielleiter sich wohl selbst etwas ausdenken oder bei mir betteln kommen. Ich bin käuflich.

One of them

Das Dreigestirn ist im Auftrag der normalen Welt unterwegs. Diese wehrt sich heftig gegen den Terrorzug der Nerds und hat das Dreigestirn ausgewählt, um diesem ein Ende zu setzen. Morphium, der heilige Geist und Nea sind abgedreht genug, um Nerds auf sich aufmerksam zu machen und wenn diese die rote Pille schlucken sind sie quasi resozialisiert. Ganz normale Menschen. Eigentlich ist die rote Pille also die blaue Pille und die blaue Pille ist die rote Pille. Das Leben stinkt. Das ist die Wahrheit.

Die Janitoren jagen sie daher auch nur zum Schein und bekämpfen sie nicht ernsthaft.

Just weird sickos

Morphium hat keine Wahrheiten. Er ist ein stets vollgesoffener Alkoholiker, der im Rausch eine in Leder gekleidete Taube sieht, die dank dem Crash der Welten Realität wurde. Nea ist ein armes Mädchen, dem der Prosecco einfach nicht gut bekam und die einen leichte Fixierung auf Tiere hat. Die Pillen sind Smarties.

Also einfach nur gescheiterte Existenzen. Warum die Nerds dann auf die roten Pillen reagieren? Weil der Glaube bekanntlich Berge versetzt...

Drugs

Die Drei sind ganz perfide Drogendealer. That's it.

Achtung!
Ab hier beginnen die
Crunchy Bits

Kreaturen Nerdors

„I tried to think of the most harmless thing. Something I loved from my childhood. Something that could never ever possibly destroy us. Mr. Stay Puft!"
- **Dr. Raymond Stantz, „Ghostbusters"**

Howie war gewappnet. Er war für diesen Job eingeteilt, denn er war der Beste. Wochenlanges Training hatte ihn in eine tödliche Waffe verwandelt. Ihm würden auf Anhieb 687 Arten einfallen, einen Janitor mit dessen Schnürsenkeln zu töten. Sein Verstand war messerscharf und hellwach, er war mit allen Tricks und Kniffen der Kriegskunst sowie des Zweikampfs vertraut. Kurzum: Er war unbesiegbar!

Nichts und niemand konnte ihn aufhalten und er würde dieses ... Ding ... auf das man ihn angesetzt hatte in die Hölle zurück befördern aus der es gekommen war, welche genau das auch gewesen sein mochte...

Er hatte sich einen Ort ausgesucht, wo er möglichst keine Unschuldigen in seinen Kampf verwickeln würde, ganz so wie er es aus Dragonball gelernt hatte. Irgendeine namenlose Wüste irgendwo ganz weit weg von jeglichem Leben.

Man hatte ihn die Worte gelehrt, mit denen er das ... Ding ... herbeirufen konnte, um ihm das Lebenslicht auspusten zu können, er breitete die Arme aus und lies seine kräftige Stimme erschallen:

`[Beschwörungsformel zur Sicherheit der Leser von der Redaktion entfernt]`

Mit einem laut vernehmbaren „Woouf" erschien das ... Ding ... hinter ihm, mutig und entschlossen drehte er sich um und erblickte eine aufgequollene, elefantöse Gestalt, die grün zu pulsieren schien und es doch wieder nicht tat. Tentakel! Überall sah er Tentakel! All dieser Alptraum aus Schleim und seinen ureigensten Ängsten war gekrönt von etwas, dass einem Irokesenhaarschnitt ähnelte. Wie ein König seinen Mantel schien dieses blasphemische Monstrum eine Lederjacke zu tragen.

Sein Verstand hatte noch nicht einmal begonnen bei dem Versuch das Gesehene zu verarbeiten zusammenzubrechen, da packte ihn eine eine riesige Tatze und hob ihn empor in die Lüfte.

Das letzte was er sah waren die im Verhältnis zum restlichen Körper lächerlich kleinen Schwingen auf dem Rücken und das letzte was er hörte war ein geschmatztes „Yum Yum".

Jeder, der das Grundbuch gelesen hat, ist vertraut damit, was Nemesisse sind, kennt ihre Unterscheidung in normale Kreaturen und diabolische Entitäten, weiß wie gefährlich sie werden können und besitzt eventuell gar bereits Schlachterfahrung. Alles was fleißige Nerdforscher und ihre Cyberknight-Stormtroopers herausgefunden haben benötigte ein Update.

Nicht das man die Einteilung nicht aufrecht erhalten könnte, wenn man wollte, aber mittlerweile gibt hat es so viele Kreaturen Nerdors in diese Welt verschlagen, die eigentlich in keine der beiden Kategorien passen würden, dass man zumindest eine gänzlich neue Kategorie einführen musste: bemerkenswert, aber harmlos.

Während normale Kreaturen also nach wie vor gefährliche, aber meist intelligenzlose Gegner sind und diabolische Entitäten weiterhin wirklich und aus böser Absicht gegen Nerds vorgehen, gibt es nun auch eine Reihe von Menschen, Tieren und anderen Dingen, die zwar bemerkenswert, aber harmlos sind, seit sie von den Energien Nerdors durchflutet wurden oder die schon immer in Nerdor lebten und nun, wo Nerdor und die profane Welt bekanntlich wie zwei Klumpen Knete in einander vermatscht sind, auch in der profanen Welt existieren können.

Die Liste der Merkwürdigkeiten, welche von den Nerdforschern entdeckt wurden, ist seit dem Grundbuch um eine nicht unerhebliche Anzahl gewachsen.

Olaf der Dorfdieb und Horst der empowerte Magier

Die beiden stellen wohl eines der skurrilleren Pärchen dar, die sich gebildet haben. Olaf ist ein freundlicher Bursche, der zwar ständig vermummt durch die Gegend läuft, aber niemandem ernsthaft etwas antun würde. Auch würde er niemals ohne die Einwilligung des zukünftigen Opfers jemanden bestehlen!

Stattdessen trifft er sich mit diesen und bespricht, wann es ihnen angenehm wäre, bestohlen zu werden und was sie genau geklaut haben möchten. Dies alles wird vertraglich festgehalten und ist notariell beglaubigt. Nach dem Diebstahl erhält das Opfer eine Quittung über die gestohlenen Güter, die es bei seiner Versicherung tatsächlich in Zahlung geben kann.

Ein guter Freund von Olaf scheint Horst zu sein, ein klassischer Magier mit langem weißen Bart, blauem Umhang, Spitzhut und Stab. Auch er ist eigentlich ein freundlicher Zauberer, besitzt jedoch ein paar Zaubersprüche, die ihn zu einem unangenehmen Zeitgenossen machen können, wenn man sich einmal seinen Unmut zugezogen hat: „Detect Plot", „Avoid Plot", „Alter Plot" und „Disrupt Plot". Und er wird sie auch benutzen...

Die Amplituden-Gang

Hierbei handelt es sich um eine gefürchtete Gruppierung von scheinbar lebendig gewordenen trigonometrischen Funktionen. Die einzelnen Mitglieder haben die Erscheinung der ihrer Funktion zugehörenden Graphen. Sie sind dafür bekannt hauptsächlich gegen Erstsemesterstudenten verschiedener Ingenieursstudiengänge vorzugehen und das mit aller Härte und unter Einsatz aller schmutzigen Tricks.

Sie schrecken nicht davor zurück, sich heimtückisch in Aditionstheoremen zu verstecken, auch hat sich bereits mehr als ein Sinus in einen Cosinus abgeleitet oder umgekehrt, wobei er dann noch plötzlich ein negatives Vorzeichen als Waffe schwang. Oft zwingen sie ihre Opfer dazu, eine Wertetabelle auswendig zu lernen und sperren sie tagelang mit ihren langweiligen Verwandten, den Hyperbel-Funktionen, in einen Raum.

Jedes Jahr müssen sich unzählige Nerds dem Kampf mit der Amplituden-Gang stellen und jedes Jahr bricht sie unzähligen das Genick...

Spoolsv.exe

DORP informiert:

„Spooling ist eine Möglichkeit, exklusiv benutzbare Geräte in einem Multiprogrammsystem zu integrieren. Geräte, bei denen Spooling häufig zum Einsatz kommt, sind Zeilendrucker. Technisch gesehen wäre es einfach, es jedem Benutzerprozess zu gestatten, die Spezialdatei für den Drucker zu öffnen. Diese Vorgehensweise hat jedoch den Nachteil, dass ein Prozess, der die Spezialdatei geöffnet hat und dann stundenlang nicht druckt, alle anderen Prozesse am Drucken hindert.

Stattdessen werden ein spezieller Prozess, der Dämon oder Hintergrundprozess genannt wird [unter Windows ist dies die Spoolsv.exe – Anm. d. DORP], und ein spezielles Verzeichnis, das sogenannte Spooling-Verzeichnis erzeugt. Um eine Datei zu drucken, generiert ein Prozess zunächst die gesamte zu druckende Datei und fügt diese dann in das Spooling-Verzeichnis ein. Es ist nun die Aufgabe des Dämons, der als einziger eine Schreibberechtigung für die Spezialdatei des Druckers besitzt, die Dateien aus dem Spooling-Verzeichnis zu drucken. Durch den Schutz der Spezialdatei gegen eine direkte Benutzung wird das Problem gelöst, dass die Spezialdatei unnötig lange geöffnet wird."

zitiert aus Moderne Betriebssysteme, 2., überarbeitete Auflage von Andrew S. Tanenbaum.

Die wichtigste Information aus diesem Zitat ist die, dass die spoolsv.exe ein Dämon ist. Sie ergreift Besitz von einem Computer und vergiftet ihn nach und nach. Meistens fällt sie als erstes über die Netzwerkumgebung eines Rechners her und verhindert die erfolgreiche Installation eines noch so trivialen Netzwerkes. Mehr als ein Cyberknight erlitt bereits mittelschwere Tobsuchtsanfälle und man will eigentlich nicht, dass ein Chaosmagnet Tobsuchtsanfälle erleidet...

Doch nach der Netzwerkumgebung macht sie nicht halt und okkupiert nach und nach den ganzen Rechner. Viele Nerds befinden sich in psychiatrischer Behandlung, weil ihr Computer plötzlich merkwürdige Dinge getan hat und Beleidigungen wie „deine Mutter lutscht Gockel in der Hölle" von sich gab, kurz bevor sich ein Schwall Erbsensuppe aus allen Laufwerken über den Teppich ergoß und dort häßliche Flecken hinterlies. Schwache Nerds sind an diesem Schauspiel zerbrochen, eher pragmatische zerstören den Rechner und besorgen sich einen neuen.

Jeder Windows-Rechner besitzt eine Spoolsv. exe, die man nicht ohne weiteres abschalten kann, aber nicht jede Spoolsv.exe erwartet irgendwann zu finsterem Leben. Vielleicht aber ist es gerade deine...

Tschetschenische Selbstmordbits

Hinterlistige Biester der ganz besonderen Sorte! Sie schleichen sich in den Binärcode eines Computerprogramms und töten sich dort selbst, wobei sie meistens ganze Blöcke an unschuldigen Daten- und Kontrollbits mitreissen. Je nachdem, welche Programme Opfer von Selbstmordbits werden, kann dies verheerende Wirkung haben, zum Beispiel können so Doktorarbeiten auf Nimmerwiedersehen vernichtet werden und welche Wirkung sie erst im so genannten vernetzten Haus der Zukunft entfalten

können, in dem der Haushalt komplett von kleinen Computern durchsetzt ist, die zum Beispiel den Wecker mit der Kaffeemaschine kommunizieren lassen, kann sich zum jetzigen Zeitpunkt nur ein wahrhaft kranker Geist ausdenken.

Enwickelt wurden diese Bits von einem tschetschenischen Cyberknight, der sie gegen Russland einsetzten wollte. Er war ihr erstes und bislang einziges direktes, menschliches Todesopfer.

An dieser Stelle eine Warnung an die lieben Kleinen: Spielt besser nicht mehr mit eingeschaltete „ForceFeddback".

Die Beinstreichkatze

Normalerweise sind Katzen dafür bekannt, dass sie, wenn sie sich wohlfühlen, Leuten um die Beine streichen. Als jedoch (so wird es vermutet) ein kleiner Tippfehler versehentlich von der chaotischen Energie, die aus den Tiefen Nerdors in unsere Welt schwubbelte, absichtlich missverstanden wurde, entstand mit einem kaum hörbaren „Plonk" eine Katze, die den Leuten nicht um die Beine streicht, sondern den Leuten die Beine streicht.

Die Kreatur führt eine klägliche Existenz, eine kleine, graue Katze, die einen viel zu schweren Farbeimer und einen unhandlichen Malerpinsel scheppernd durch die Gegend schleift. Wird sie einmal von ihrem Opfer nicht wahrgenommen (oft bei alten Damen der Fall) oder die Gefahr nicht ernstgenommen (dito für kleine Kinder oder überraschte Passanten), fängt das Tier ungelenk an, die Farbdose aufzuhebeln und den Leuten die Beine mit Farbe zu beklecksen.

Pläne der Cyberknights, das Katzenvieh zu fangen und mit der Alpinaweißkatze zu kreuzen, zwecks Züchtung einer Superrasse von Katzen, die die Weltbevölkerung durch bloßes Vorbeilaufen in den Farben der DORP einfärben sollen, sind bisher gescheitert.

Der fliegende Wichser

Thekla B. (26) ist in keiner guten Lage. Überhaupt nicht. Sie steht mitten in der Nacht auf dem Dach eines Hochhauses, das in hellen Flammen steht. Verzweifelt beobachtet sie die Menge unter ihr, die gebannt zu ihr starrt und die vergeblichen Bemühungen der Feuerwehr, die mit ihren viel zu kurzen Leitern keine Chance hat, sie rechtzeitig zu erreichen. Die mörderische Hitze treibt sie unerbittlich immer weiter auf den tödlichen Abgrund vor ihr zu, während ihr gutaussehend schlanker Körper kaum ihr schreiendes Baby, das sie schützend an sich gepresst hält, vor den gierigen Flammen schirmen kann.

Plötzlich geht ein Raunen durch die Menge und Thekla, deren Blick durch die von Rauch und Hitze tränenden Augen getrübt ist, nimmt schemenhaft eine Gestalt war, die sich durch die Luft auf sie zuzubewegen scheint, ob es Rettung oder der Todesengel ist, vermag die junge Frau nicht zu sagen.

Der Wind schlägt um und treibt ihr den Qualm ins Gesicht, ein würgendes Husten schüttelt ihren Körper, der viel zu nah schon am Rand des Daches steht, ihr stöckelbeschuhter Fuß gleitet ab und sie beginnt ihren langen, furchtbaren Sturz hinab, vorbei an Balkons kleiner Appartements in der unweigerlichen Bestimmung, ihren letzten guten Eindruck im Asphalt unter sich zu hinterlassen. Das Kind, das vor Schreck aufgehört hat zu schreien, hält sie immer noch fest und das Letzte, was sie hört, ist ein leises „Flapp-Flapp", das sie nicht so recht einzuordnen weiß, das sie aber trotz der momentanen Situation irgendwie anwidert...

Plötzlich greift eine schmierige, schwammige Hand nach ihrem wohlmanikürten Exemplar und ihr Fall endet abrupt mit einem schrecklichen Schmerz im Schultergelenk. Verwirrt spürt sie, wie sie von einem überraschend kräftigen, da nicht muskulösen Arm an einen dicklichen Körper in einem schmierigen Mantel gepresst wird. „Na, kann man doch nicht zulassen, dass so ein hübsches Stück Frau wie du so verschwendet wird..." haucht ihr eine unangenehme Stimme ins Ohr. Mit seiner linken Hand hält der Kerl Thekla an ihrem wohlgeformten Busen gepackt, was ihr unangenehm ist, sie aber auch vor dem schrecklichen Sturz bewahrt, während seine Rechte...

Bevor Thekla näher darüber nachdenken kann, fühlt sie sich schon durch die frische, kühle Nachtluft, die jedoch auch nicht über die schlechte Hygiene ihres Retters hinwegtäuschen kann, dem rettendenden Erdboden entegegengetragen. Sanft landet sie samt Kind inmitten eines Kreises gaffender Schaulustiger. Angeekelt reißt sie sich und ihren Busen aus der Umarmung und dreht

sich um, weil sie sehen will, von was sie da gerettet worden ist.

Vor ihr steht ein kleiner, dicklicher blasser Kerl um die vierzig, der in seinem fleckigen Exhibitionistenmantel und mit seinem fettigen schwarzen Haar aussieht, wie das platonische Idealbild des Berufsperversen.

Ihr Blick wandert weiter zu seinen fischigen Glubschaugen, die ihr unverhohlen direkt in den Ausschnitt glotzen, dann mit wachsendem Entsetzen weiter zu seiner rechten Hand, die eifrig sein blasses Glied massiert, das obwohl offenbar erigiert, lächerlich klein aus seinem Mantel ragt.

„Schwein!" kreischt Thekla, deren Nerven einfach überfordert sind und klebt dem Widerling eine, was dieser nur mit einem schrägen Grinsen quittiert. Dann wendet er sich ab und steckt die Linke in die Manteltasche, während seine Rechte beginnt, schneller zu arbeiten, schließlich hebt er ab und entschwindet über den Köpfen der Anwesenden in der Nacht, begleitet vom leisen „Flapp-Flapp" seiner Tätigkeit.

Der Fliegende Wichser ist ... man könnte wohl sagen, er ist eine Art Superheld. Niemand kann mehr nachvollziehen, genau welcher Pornofilm, welches Schmuddelheft oder welche Peepshow dem alternden Perversen seine Superkräfte verlieh, fest steht nur, dass er jetzt durch die Welt zieht, um all denen zu helfen, die in Not sind - und um sie zu Objekten seiner schweinischen Gedanken zu machen. Trotz seiner nachweislichen Leistungen auf dem Gebiet der Rettung unschuldiger Opfer hat man ihm schon mehrmals per gerichtlicher Verfügung untersagt, Rettungen durchzuführen (vor allem in der Nähe von Nonnenklöstern). Der Fliegende Wichser sehnt sich nicht nach Ruhm und Ehre, ihm genügt es, die Zeit zwischen seinen Einsätzen in Nacktbars und Amüsierlokalen zu verbringen, irgendeine Form von Geschlechtsverkehr konnte dem Superhelden bisher jedoch nie nachgewiesen werden.

Natürlich haben die Perversen weltweit den Fliegenden Wichser zu ihrem Idol erklärt und es finden sich viele Nachahmer. Von alten Lustgreisen bis hin zu feuchtträumenden Jünglingen versuchen hunderte, die perfekte Technik oder den magischen Schweinkram zu finden, der auch ihnen Superkräfte verleiht.

Der Leichen-Roomservice

In zahlreichen Detektivgeschichten oder Krimifilmen kommt es zu der Szene, wo der Protagonist gerade von irgendwelchen Hetzjagden über die Dächer von Nizza oder durch die Kanäle von Paris in sein Hotelzimmer zurückkehrt und dort eine Leiche vorfindet. Schnell stellt sich dann heraus, dass diese irgendwie mit in die Sache verwickelt war, der der Protagonist gerade nachgeht.

Diese Vorkommnisse gehen zurück auf eine weltweit agierende Geheimsekte wahnsinniger Hotelputzfrauen, die in regelmäßiger Häufigkeit in den Großstädten der Welt die Todesopfer von Bandenkriminalität oder die des organisierten Verbrechens unentgeltlich einsammeln. Die Leichen werden dann nach dem Reinemachen in einem Hotelzimmer fein säuberlich auf dem Bett drapiert, sozusagen anstatt des Minzetäfelchens auf dem Kopfkissen.

Unter den Putzfrauen gibt es den eher fürsorglichen Typ, der verblichene Ehepartner an die verwitwete Hälfte ausliefert, einsamen Geschäftsleuten schöne, junge Drogenopfer verschafft oder gelangweilten Touristen tote Gangbosse hinlegt, andererseits gibt es aber auch verbrecherische Genies, die mit Tücke die Leichen so quer über die Stadt verteilen, dass die dranhängenden Verstrickungen zu einem gewaltigen Netz an Intrigen anschwillen, das den größtmöglichen Kollateralschaden erzeugt.

So kann es jedem Menschen einmal geschehen, dass er eine Leiche auf seinem Zimmer findet. Aber wenn er um die Ecke des Hotelflurs schaut, wo gerade eine alte, verhutzelte Frau im Blümchenkittel einen Reinigungswagen und einen Wäschewagen hinter sich herschleift, aus dem oben noch ein Paar Füße in Mafiaslippern herausschauen, kann man zumindest sicher sein, wer dahintersteckt...

Die Witznutte

Die Witznutte ist, wie der Name schon sagt, im horizontalen Gewerbe tätig. Weder ist sie besonders elend, noch besonders hübsch, sie ist eine fünfunddreißigjährige Prostituierte, die ihrer Tätigkeit mit beruflicher Professionalität und einem gewissen Stolz nachgeht. Da sie nichts Exotisches zu bieten hat, gehören zu ihren Kunden eher Männer, denen einfach nach Gesellschaft und Sex gegen Geld ist.

Diese gabeln sie dann bei gutem Wetter auf der Straße auf oder treffen sie in schummrigen Bars. Stets freundlich und wohl auch günstig kann sie so oft Kunden für ein paar Stunden an einen ruhigen Ort entführen.

Hier enthüllt sich dann die wahre Natur der Witznutte, denn wenn sie sich entkleidet wird offenbar, dass ihr ganzer Körper über und über mit Schrift bedeckt ist. Was dem Kunden am Anfang vielleicht noch einfach angenehm mysteriös oder schlicht verrückt erscheint, entpuppt sich während eines eher durchschnittlichen Aktes beim Zwielicht hässlicher Schirmlampen in billigen Stundenhotels als die Sammlung der besten und komischsten Witze, die die Haut der Witznutte bedecken.

Manche davon uralte Kalauer, andere völlig neu, ziehen den Kunden langsam in ihren Bann, er beginnt schmunzelnd zu lesen und weiterzulesen und endet nach Stunden in einem ungeheuerlichen Lachkrampf, der ihn eine kleine Ewigkeit in den Klauen hat. Bis dahin ist die Witznutte schon längst verschwunden.

Manche Männer hatten nur eine einzige Begegnung mit der Witznutte und erzählen die paar Witze, an die sie sich noch erinnern können ihren Kollegen oder Stammtischbrüdern, andere hingegen kehren immer wieder zurück, um immer weiter zu lesen und zahlen teilweise viel Geld, um in ausgefallenen Stellungen auch noch den letzten Witz an einer versteckten Körperstelle zu lesen.

Die Witznutte nennt nie ihren Namen und sie taucht überall in der Welt auf wie es ihr beliebt. Man munkelt, die Witze auf ihrem Körper würden sich mit der Zeit verändern und stets auf Sprache und Kultur des Kunden abgestimmt sein, manche spekulieren gar, dass weltweit alle Witze hier ihren Anfang nähmen...

Der Karolinger

Die Person, die heute nur als der Karolinger bekannt ist, begann ihre Karriere als ein fetter erfolgloser Student namens Hans. Um sein dürftiges einkommen etwas aufzubessern, nahm Hans den furchtbarsten Job an, den es gibt, nämlich Kaufhausweihnachtsmann, der einzige Beruf, bei dem man zu Weihnachten gefeuert wird. Diese schreckliche Erfahrung, Jahr um Jahr ohne Arbeit und Perspektive auf der Straße zu sitzen, wenn alle anderen Menschen weltweit das Fest der Liebe feierten, trieb ihn derart in den Wahnsinn, dass Hans beschloss, fortan als der „Karolinger" zum schlimmsten Verbrecherkönig der Erde zu werden, denn er stand auf aachener Printen und mochte Karl den Großen, der trotz der Tatsache, dass er Analphabeth war, jede Menge Leute umgebracht hat.

Der Karolinger operiert von seinem geheimen unterirdischen Hauptquartier (dem Keller seines Elternhauses) aus und steuert über das Internet das Verbrechen weltweit. Oder glaubt es zumindest. Da seine Verrücktheit aber keinen eindeutigen Schluss zulässt, überwacht ihn die Polizei lieber solange in der Sache keine Beweise vorliegen.

Die liebste Sprache des Karolingers ist übrigens Öcher Platt, weil er darin so schön fluchen kann, ausserdem erinnert es ihn daran, wie ihm seine Mutter als Kind immer den Hintern mit Seife abgewischt hat, ein angenehmes Gefühl.

Der Jabber-Wookie

Der Name der Kreatur ist zugleich auch eine treffliche Beschreibung ihres Erscheinens: Eine Art haariges Scheusal, das durch seinen Körpergeruch zu beeindrucken weiß und seine Opfer durch zusammenhangloses, jedoch unaufhörliches Gelaber entnervt. Zu diesen gehören bevorzugt weibliche Wesen, die sich kein Stück für Comics, Rollenspiele, StarTrek oder was auch immer interessieren, offizielle Vertreter und Produzenten der Hobbies des Jabberwookie oder in Notzeiten auch jeder in seiner Umgebung.

Vielleicht nicht unter diesem Namen haben die meisten Conbesucher schon einmal einen Jabberwookie gesehen, die DORP rät jedem zu vorsichtigem Abstand.

© BEZZINA 03

Der Rollladenmann

Die Nacht hatte ihren Schleier über die Stadt gelegt. Bläulich schimmerten die Glasfassaden der Hochhäuser in der Dunkelheit, das Licht des halben Mondes wiederspiegelnd, der langsam seine lange Runde antrat. Am Horizont zeichnete sich das orange Glühen des Industriegebietes ‚2' ab und einzelne Autos zogen wie verirrte Glühwürmchen durch die Nacht, die von den meisten doch ihrer eigentlichen Bestimmung zugeführt wurde: dem Schlaf.

Auch Ernst nutzte sie entsprechend. Er war von der Rollenspielsitzung heimgekehrt und vollkommen zufrieden. Sein Plot war aufgegangen, die Spieler begeistert und auch der Wein am Spieltisch war gut gewesen. Eine Vorlesung allerdings lauerte, wie der Teufel persönlich, am nächsten Morgen, müde rollte er sich in seine Bettdecke ein und schloss die Augen, bereit seine Seele in Morpheus' Arme zu legen.

‚Swiek'.

Was war das gewesen? Ein seltsames Quietschen?

Aber egal, das Haus war hellhörig, würde schon nichts gewesen sein.

‚Swiek'.

‚Swiek'.

‚Schrupp'.

Welcher Depp zog da wohl an der Rollade? Nun gut, auch Ernst war ja gerade erst nach Hause gekommen, vielleicht gab es noch einen Nachtschwärmer, der nun die Außenwelt aussperren würde.

‚Swiek'.

‚Swiek'.

‚Schrupp'.

Das begann zu nerven. Nicht, dass die Wohnung darüber auch zwei Fenster haben könnte, aber wer in aller Welt zog so genussvoll die Rollos erst hoch, um sie dann herab krachen zu lassen?

‚Swiek'.

Ernst saß aufrecht im Bett. Er lauschte. Stille. Gerade, als er wieder in die Kissen zurück sinken wollte, kam es dann doch wieder, wie es kommen musste:

‚Swiek'.

‚Swiek'.

‚Schrupp'.

Er erhob sich, zog seinen Morgenmantel über und schritt das schwere, leicht muffig riechende Treppenhaus nach oben, zu der Wohnung über der seinen. Wieder erklangen die infernalischen Laute und er wusste, dass er richtig war.

Kein Klingelschild, wie er beiläufig bemerkte. Doch entschlossen drückte er seinen Daumen auf den grauen Knopf neben der Tür, gewillt, dem Rätsel dieses Rollladenmannes auf den Grund zu gehen...

Doch wer ist er? Wer ist der Rollladenmann? Viele Theorien wurden aufgestellt, auch von Leuten, die mit mehr Geduld über Tage, Wochen oder Monate den drei immer gleichen Lauten lauschten. Tag und Nacht, zu jeder Zeit, zieht er seine Rollladen hoch und lässt sie wieder herunter schnellen.

Einige sagen, er sei Satanist, der junge Frauen auf seiner Fensterbank foltert. Andere gehen nicht ganz so weit und sehen nur einen wirren Fetisch darin.

Vielleicht aber ist er auch ein Gesandter von Feinden Nerdors, der die Nerds um ihren ohnehin eher dünnen Verstand bringen will, oder aber er ist gar ein Hausmeister, der gerade probiert, ob das neue Schmieröl auch bei Rollladenkästen hilft.

Doch eines ist sicher: Jeder, der den Lauten zu lange sein Ohr schenkte, fiel dem Wahnsinn anheim und jeder, der versuchte, dem Rätsel auf den Grund zu gehen ist auf kurz oder lang verschwunden oder ebenfalls wahnsinnig geworden.

Es scheint ein Rätsel zu sein, dem nur eine Gruppe knallharter und bestens mit ihren Fähigkeiten (oder deren Abwesenheit) vertrauter Nerds auf den Grund gehen kann...

Der Stollen

23. 12. 2003

Hatten heute Rollenspiel. War gut, haben viel erreicht und mein Charakter hat extrem viele XP erhalten. Das rockt! Aber Emil hat diesen Christstollen mitgebracht ... na, ob den wohl jemals noch wer essen wird?

30. 12. 2003

Haben heute die letzte Sitzung des Jahres gehabt. Das war fett, ich habe die Gruppe mit meinem „Schwert der Drachenenthauptung" retten können und Jonas besitzt nun endlich einen Spiegel des ewigen Mananachschubs. Klasse. Nur den Stollen, den wollte noch immer keiner; hab den mal in Folie eingewickelt.

1. 1. 2004

Wow, Überraschungssitzung. Bei mir. Musste schnell aufräumen, man war das ein Stress. Naja, hab die alten Flaschen mal draußen entsorgt, den Tisch schnell gespült und den Stollen hinter den Schrank geworfen. Wird schon niemanden stören...

13. 2. 2004

Wow, das ist heftig. Waren die letzten Wochen immer bei Jonas und haben bei dem gespielt, und langsam kommt sogar schon mal etwas der Frühling durch.

Waren heute schon 15 Grad – ich finde das klasse...

20. 2. 2004

Haben heute bei mir gespielt. Irgendwie komisch – es liegt so ein muffiger Geruch in der Luft. Frage mich wovon. Die anderen meinten, sie würden nichts riechen, aber ich dachte, ich hätte 'ne Leiche im Keller... Zum Schaudern...

21. 2. 2004

Ich habe ganz furchtbar geträumt. Der Horror! Totaler Alptraum! Schneebedeckte Hügel, verkümmerte Trauben wucherten in der Erde und eine gelblich-süßliche Masse zähesten Humus durchzog den Boden!

Es war so real?!

22. 2. 2004

Träume lassen nicht nach. Hügellandschaft. Ruft mich. Soll gehorchen...

23. 2. 2004

Soll gehorchen. Muss gehorchen. Werde gehorchen. Frevler missachten meinen Herren. Frevler misshandeln meinen Herren, sperren ihn weg, in die Dunkelheit. Da, wo kein Licht ist. Er verging, er starb, doch nun ist er zurück! Heute ist er auferstanden! Und ich werde gehorchen!

Werde vergelten...

Menschen sind zutiefst betroffen, wenn man ihnen Leid zufügt. Auch Tiere sind das. Ja, selbst Pflanzen, so verrät uns die nette Hobbygärtnerin um die Ecke, wachsen besser, wenn man ihnen gut zuredet.

Doch niemand hat sich jemals gefragt, ob das auch für Backwaren gilt...

Für den bedauernswerten Nerd aus obiger Erzählung wurde diese Frage beantwortet. Er hatte einen Christstollen eiskalt in Aluminiumfolie gewickelt und hinter den Schrank geworfen. In die Dunkelheit gebannt und in Vergessenheit geworfen.

Doch dieser Stollen wollte nicht vergessen werden. Also die kraftvollen Energien Nerdors über das Land zogen, Mensch und Tier erleuchteten und den Blumen lustige Farben gaben, da trafen sie auch auf den Stollen. Sie gaben ihm ein Bewusstsein, ein böses Bewusstsein...

Seither lauert er dort, vergessen hinter dem Schrank. Was nun aber, wenn – nach einem tragischen Massaker, das der Nerd unserer Geschichte anrichtet, dessen Wohnung frei wird und einer der Charaktere, länger schon auf der Suche nach einem Studentenwohnheim, dort einzieht.

Der Stollen hasste nicht nur seinen ehemaligen Eigner, er hasst alle Menschen – wer weiß, zu was für irren Taten seine visionären Kräfte den Charakter hinreißen könnten?

Die Modepolizei

„Bleiben Sie stehen!"

Karl und Valentin hielten augenblicklich an und drehten sich langsam herum. Hinter ihnen nahten zwei Polizisten. Nein, als sie näher kamen sah man schnell, dass es keine normalen Polizisten waren. Vielmehr trugen sie offensichtlich Designerhemden unter ihren glänzenden Jacken im Schnitt klassischer Uniformen. Unter ihren nicht wirklich khakifarbenen Hosen im modischen Schnitt glänzenden nagelneue Lackschuhe.

„Ja, Herr Wachtmeister?" fragte Karl vorsichtig.

„Junger Mann. Sie haben ein schweres Delikt begangen." erklärte einer der beiden Männer.

„Was?"

„Heute Morgen. Denken Sie gut nach."

„Ich habe keine Ahnung wovon-"

„Ihre Socken! Sie tragen grüne Socken!"

„Was? Ach das, ja, ist das jetzt ein Verbrechen?"

„Ja."

Diese Antwort überraschte ihn wirklich. Er mochte bunte Socken. Das war nicht so trist wie das Auftreten seiner Mitmenschen. Hilfesuchend blickte er sich zu Valentin um, doch der hob nur die Schultern.

„Guck mich nicht so an, ich trage darum immer nur schwarz..."

„Schwarz?" entwich es dem Polizisten, der bisher auch geschwiegen hatte. „Das nennen Sie ein Schwarz? Das ist bestenfalls noch Anthrazit, so ausgewaschen wie das ist!"

„Jetzt hören sie mal-" setzte Valentin erneut an, doch der zweite Polizist unterbrach ihn erneut:

„Und Ihre Brille erst!"

„Was ist mit meiner Brille?"

„Sie ist ... unästhetisch!"

„Das ist halt ein Kassengestell, Alter!" entfuhr es Valentin.

„Kassengestell! Glauben Sie, Ted Bundy wäre mit solchen Ausreden freigekommen? Er hat es versucht, das kann ich Ihnen sagen!"

Karl und Valentin starrten die beiden Männer nur hilflos an, als der erste Polizist wieder das Wort ergriff: „Wir haben hier zwei schwere Fälle von einem Verstoß gegen die Ästhetik des Menschen.

Meine jungen Herren, sie werden noch heute dem Stilrichter vorgeführt, der über das Ausmaß Ihrer Strafe entscheiden wird."

Es gibt viele Dinge, die Nerds nicht können. Eine davon ist es, sich so zu kleiden wie normale Menschen es tun. Das ist vielleicht keine eindeutige Schwäche, aber es macht sie identifizierbar.

Dies macht es jenen, die die Energien Nerdors gerne wieder eingedämmt sähen, recht einfach, sie aufzufinden.

Doch wie kann man sie ausschalten? Natürlich durch ein Gesetz, dass auf ihr herausstehendes Merkmal maßgeschneidert wurde. Aus diesem diabolischen Konzept heraus ist die Modepolizei entstanden.

Über genaue Mitgliederzahlen gibt es keine Informationen, doch man weiß, dass Modepolizisten häufig dort auftreten, wo sich auch viele Nerds aufhalten. Conventions oder Studentenstädte etwa. Sie treten stets zu zweit auf, beide als gestylte Agenten direkt aus der Lackfabrik. Ihr vorgehen ist diszipliniert, aber bestimmt.

Da sie als Autoritätspersonen auftreten und offenbar tatsächlich einigen Einfluss in der Weltpolitik haben, kann Widerstand gegen diese Leute sogar als wirklicher Widerstand gegen die Staatsgewalt gewertet werden und ganze SEKs auf die Spuren von Nerds bringen, deren Sockenfarbe nicht komplementär zur ihrer Hose ist.

Wenn sie überhaupt eine Schwachstelle haben, so bleibt festzuhalten, dass Modepolizisten sehr darauf bedacht sind, gut auszusehen. Wer also ihre Haare wuschelt oder gar ein Ei auf ihren maßgeschneiderten Anzug wirft, kann sie damit ernsthaft aufhalten.

Natürlich mit den oben bereits erwähnten Konsequenzen.

Fertigkeiten

„Try not. Do... or do not. There is no try."
– Yoda, The Empire Strikes Back

Seit Tagen hockte das Tripple schon in dem finsteren Kellergewölbe, durch das viel zu kleine, vergitterte Fenster trat nur notdürftig Licht. An der Tür waren mehrere asiatische Schriftzeichen angebracht und seit sie hier gefangen waren, rätselten sie wie diese ihnen den Ausweg aus ihrer desolaten Situation weisen könnten, doch ergebnislos. Für echte Panik waren die drei schon viel zu erschöpft und so machten sich stattdessen Resignation und Niedergeschlagenheit breit, dabei hatte alles so viel versprechend angefangen...

Die drei sollten ein wertvolles Artefakt tief aus den Eingeweiden eines Vorpostens der PROD bergen, eine gefährliche Aufgabe, welche die besonderen Fähigkeiten aller drei Regimenter benötigte, weshalb auch die Wahl auf genau dieses voll gemischte Tripple fiel: Ein Cyberknight, ein Michalskielit, eine Scimietze. Nach all den charakter- und storylastigen Einsätzen der letzten Zeit nahmen die drei mit größter Entzückung auf, dass es sich zur Zerstreuung mal um einen zünftigen Dungeoncrawl handeln sollte. Doch dieser Moment der Glückseligkeit schien bereits eine Ewigkeit her zu sein, schien unwirklich und fremd wie die einzelnen Lichtstrahlen, welche die Dunkelheit durchschnitten, ohne wirklich Licht zu spenden.

Der Spaß hatte für die drei schon kurz hinter dem Einstiegspunkt aufgehört als sie ein leises „Klick" vernahmen und sich unter ihnen eine Falltüre öffnete. Seitdem waren sie hier.

Mit einem „Es ist hoffnungslos" sackte der Cyberknight seufzend in einer Ecke dieses Verlieses zusammen. Die Scimietze lief seit ihrem unsanften Aufprall grübelnd und murmelnd im Kreis, ohne von irgendetwas Notiz zu nehmen; unter ihren Füßen hatte sich mittlerweile eine kleine Fursche gebildet.

Der Michalskielit gab als letztes klein bei, versuchte noch stundenlang die Zeichen zu entziffern. Doch schließlich gab auch er auf. Als er sich gerade abwenden wollte, fiel sein Blick ein letztes Mal auf die Zeichen, sein Blick erhellte sich und mit schnellen Handbewegungen wischte er über einige der Zeichen. Wie von Zauberhand öffnete sich die Tür.

Der Cyberknight sprang auf: „Wie hast du das gemacht?" „Neue Fertigkeiten", grinste der Michalskilit ihn an. „Japanophilie", murmelte die Scimitze und ging an Beiden vorbei.

Wir wollen ein ordentliches Quellenbuch sein, das keinen Vergleich mit den richtigen Quellenbüchern wie etwa denen der WoD oder der 7ten See zu scheuen braucht. Dafür brauchen wir jede Menge stimmungsvolle Texte, Erweiterungen der Spielwelt um teils spannende, teils interessante und teils komplett überflüssige Aspekte und natürlich müssen wir Besitzern unseres Quellenbuches in eine gegenüber denen, die nur das Grundregelwerk besitzen, absolut überlegene Position bringen. Und wie macht man das am besten? Indem man den glücklichen Besitzern des Quellenbuches neue „kewl powerz" an die Hand gibt, wie neue Muahahas oder neue Fertigkeiten, auf die die anderen dann eben keinen Zugriff haben.

Diese neuen Fertigkeiten gibt es eben hier. Drei sind es an der Zahl. Die magische Drei. Die Lieblingszahl des Triumvirats. Der rote Faden, der sich durch unsere Veröffentlichungspolitik zieht. Außerdem sind uns nicht mehr wirklich prickelnde Fertigkeiten eingefallen und selbst von den vorhanden stammt eine noch von „außer Haus".

Wenigstens konnten wir die drei Fertigkeiten schön auf die Regimenter aufteilen und das ist doch auch schonmal was.

So here they come...

Cyberknights
Spott

Wer den Schaden hat braucht für den Spott nicht zu sorgen. Der kommt meist von ganz allein.

Marie saß mit glasigen Augen auf dem Bürgersteig und hielt sich das aufgeschlagene Knie. Ihr Fahrrad lag direkt neben ihr, der vordere Mantel glich mehr einer Ellipse als einem Kreis, ohne jedoch wirklich eine Ellipse zu sein. Marie trug einen für ein fünfjähriges Mädchen gigantischen inneren Kampf aus: Erbittert unterdrückte sie ihre Tränen. Sowohl die des Schmerzes als auch die ihrer Wut.

Während Marie so mit sich selbst beschäftigt war, kamen zwei junge Männer die Straße entlang, einer groß und dürr, der andere klein und fett. Beide blaß.

Als sie näher kamen, setzten beide ein hämisches Grinsen auf, der Dürre setzte sich neben Marie, der Dicke stieß mit dem Finger mehrfach prüfend gegen ihr Fahrrad. Schließlich meinte der Dürre: „Ohhh ... bist du hingefallen? Ja, ja Frau am Steuer. Vielleicht hättest du die Stützräder noch dranlassen sollen. Bist ja scheinbar zu doof ohne zu fahren."

Der Fettwanst stieg ein: „Nun sei mal nicht so hart, vielleicht lag es am Rad, mit so einem Vorderrad kann man auch nicht vernünftig fahren. Und so eine gerade Straße hat es verflucht in sich, nicht war Kleine?"

Dann gingen die Beiden weiter.

Marie weinte jetzt.

Spott ist eine weit verbreitete Fertigkeit unter Nerds und besonders die Cyberknights kultivieren diese mit Leidenschaft. Im Grunde genommen muss wohl niemandem wirklich erklärt werden, was Spott eigentlich ist. Jemand anderes befindet sich in einer unglücklichen Situation und man nutzt dies aus, um sich im selben Moment noch über ihn lustig zu machen. Oder die Situation wird erst dadurch unglücklich, dass man sich über ihn lustig macht.

Spott wird von vielen Menschen, auch und besonders von Nerds, gerne angewendet, wenn man in einer Diskussion kurz vor einer Niederlage steht und nur noch diesen Ausweg sieht, aber oft auch einfach aus Bosheit, weil es eben Spaß macht.

Spott kann einen gefährlichen Angriff auf die Psyche des Verspotteten haben, insbesondere im Kindes- und Jugendalter. Verspottete haben noch lange unter den Folgen zu leiden, sonst wären die meisten Nerds heute wohl nicht so, wie sie sind.

Und so wie sie sind liefern sie selber wieder genug Anlass zu Spott.

Vorgeschlagene Spezialitäten: peinliche Situationen kommentieren, Nachäffen, Kolumnen schreiben

Farblos: Spott? Ist das ein Rechtschreibfehler und soll „Sport" heißen?

Gelb: Wenn jemand den Hosenstall offen hat rutscht dir manchmal ein dummer Spruch raus.

Grün: Dir rutscht mit Sicherheit einer raus ... ein richtig böser.

Violett: Deiner trifft den armen Kerl mit dem offenen Reißverschluss da, wo es richtig weh tut.

Blau: Nachdem du mit dem Kerl fertig bist wird er selbst vom liebsten Passanten zehn Minuten ausgelacht.

Rot: Du kranker Bastard machst dich sogar über kleine Mädchen lustig, die mit dem Fahrrad hingefallen sind.

Michalskieliten

Japanophilie

Du mußt einfach zugeben dass Urotsukidouji die bessere Story hat, etwas, dass ich bei Cool Devices dann doch sehr vermisse. Auch bei Satoshi Urushihara kommt sie meistens viel zu kurz.

Jeder Nerd kommt irgendwann mit dem Land in Berührung, in dem die Grenze nach Nerdor durchlässiger ist als irgendwo sonst auf der Welt: Japan. Ob Karateverein, Katanas oder Nigiri-Sushi, Sailormoon oder Ghost in the Shell, irgendwann packt es jeden und er fängt an Japanisch zu lernen, nur um irgendwann frustriert wieder aufzuhören.

Spätestens wenn er in einem seltsamen Kostüm über die Leipziger Buchmesse rennt, ist für jeden ersichtlich, dass das Farbenkarussel angefangen hat sich zu drehen.

Vorgeschlagene Spezialitäten: Animes, Mangas, Japanisch, Sushi mögen

Farblos: Japaner ... ähh ... das sind doch die mit den Kameras...

Gelb: Du hast deinen orangenen Gürtel in irgendeiner Kampfsportart und Sushi hast du auch mal gegessen.

Grün: Du weißt, dass man Mangas „verkehrt herum" liest.

Violett: Du bekommst Komplimente, wie gut du doch Japanisch sprechen kannst.

Blau: Du weißt wer Toyotomi Hideyoshi war und klärst Freunde und Bekannte über den Unterschied zwischen Harakiri und Seppuku auf.

Rot: Nach drei Jahren im buddhistischen Kloster verstärkst du nun die Legion der arbeitslosen Japanologen.

- Vielen Dank an Martin „mkill" Killman für diese Fertigkeit

Scimitzen

Pseudowissen

Der Museumsführer hatte seinen Vortrag noch nicht zur Gänze beendet, als Pubert seinen Finger aus der bunten Masse der Schüler erhob und anfing:

„Was Sie da sagen stimmt so nicht ganz. Sie sagen ein Zweihandschwert wäre locker 7 kg bis 10 kg schwer und man hätte schon Mühe damit vernünftig zu kämpfen.

In Wirklichkeit waren Zweikampfschwerter recht schwierig zu handhabende Waffen, die meist um die 1.5-3.5 kg wogen, dafür aber fast so schnell wie ein Kampfstab und dank ihrer enormen Reichweite sehr effektiv beim Aufbrechen von Speerformationen waren."

Fast jeder Nerd hat sein persönliches Steckenpferd im Falle von Rollenspielern meist eng verknüpft mit dem eigenen Lieblingsrollenspiel. Da werden dann Internetseiten gewälzt und auch beim duschen, Gassi gehen oder auf dem Klo noch einmal ordentlich Hirnschmalz in das Thema inverstiert.

Ehe man sich versieht ist man auf seinem Gebiet ein eiskalter Profi und kann es locker mit den echten Experten des Themas aufnehmen. Wer hat seinen Geschichtsprofessor nicht schon in Bezug auf die Schärfe von mittelalterlichen Einhändern verbessert? Mehrfach?

In der Tat sind Möchtegernkenntnisse über das Mittelalter, insbesondere die damals verwendeten Waffen, sehr weit verbreitet, andere beliebte Steckenpferde sind Science-Fiction oder Rollenspieltheorien. Ob man jetzt tatsächlich über profunde Kenntnisse auf seinem Sachgebiet verfügt ist in den meisten Fällen eher zweifelhaft und im Großen und Ganzen ziemlich unerheblich.

Man glaubt an das was man erzählt, ist bereit dafür zu streiten und schafft es. seinen Unsinn meist erstaunlich plausibel klingen zu lassen. Dummerweise tut der andere das auch ... obwohl er genau das Gegenteil erzählt...

Die meisten Pseudowissenschaftler werden ihr Lebtag nicht bemerken, inwiefern sie einem Bock aufsaßen und die wenigen, die es tun, sind meistens zu stur es einzusehen.

Jedem steht frei das Gebiet seines Pseudowissens frei auszuwählen.

Vorgeschlagene Spezialitäten: Mittelalter, Science-Fiction, Physik, Rollenspieltheorie

Farblos: Kann nix. Weiß nix. Sagt nix.

Gelb: „Das sehe ich jetzt aber nicht so. Nämlich..."

Grün: „Nein, Herr Lehrer, das ist falsch."

Violett: „Nein, Herr Professor, das ist falsch."

Blau: *brüllt* „Das Sie überhaupt noch dozieren dürfen! Sie reden ja nur Blödsinn!"

Rot: Du hast Bücher zu dem Thema geschrieben ... wie wertvoll die jetzt wirklich sind sei dahin gestellt.

Magie

„Willkommen, liebe Freaks, Nerds, Filmkenner, bekennende Konsolenzocker! Ich grüße euch!"

Ein Raunen ging durch die Menge ... dann folgte angespannte Ruhe. Was es wohl so Wichtiges gab?

„Heute, in dieser seltsamsten aller Stunden, zumindest seit eurem letzten Rollenspielabend, ist jemand hier, der euch etwas Unglaubliches mitzuteilen hat. Ich verspreche euch, es wird euch umhauen."

Gemurmel erschüttert die Ruhe.

„Ruhe, Leute, Ruhe! Lasst mich doch ausreden, dass ist ja hier wie auf einer Fachschaftssitzung im geisteswissenschaftlichen Institut! Also, ich verrate nur soviel: Einem unserer größten Magietheoretiker ist der Durchbruch gelungen. Sozusagen der große Wurf. Ein kritischer Erfolg."

Der hagere Redner, mit dem Ledermantel, verließ die Bühne der Stadthalle. Der göttlich anmutende Lichtkegel, erzeugt von einem billigen, alten Strahler, in welchem er bis eben gestanden hatte, die einzige wirkliche Lichtquelle im ganzen Raum, der dadurch in ein unwirkliches Halbdunkel getaucht wurde.

Die gespannte Stille herrschte noch für fünf Minuten vor, dann begann man das Rascheln von Charakterblättern, das Kratzen von Bleistiften zu hören. Als der erste Würfel vom Tisch kullerte und mit seinem Aufprall auf dem Boden das letzte bisschen Stille brutal auslöschte...

Der Unglücksrabe, der verzweifelt seinem Würfel hinterher hechtete, zog natürlich sofort alle Blicke auf sich, bis jemand rief „Seht! Dort oben!" und mit dem ausgestrecktem Finger an die Decke zeigte. Sofort schauten die Übrigen nach oben.

Und dort sahen sie etwas Unglaubliches.

Mit einer unfassbaren Geschmeidigkeit, kletterte ein junger Kerl an der Decke entlang ... über Kopf, fast wie eine Spinne.

Er sah herab, und lächelte... ein „Oh!" fuhr durch die etwa 150 Anwesenden.

Er sprang herab, und in dem fahlen Licht konnte man nun genau die roten Schlieren erkennen, die er, einer Comicfigur gleich, nach sich zog. Nach einer Luftschraube, landete er vor dem Podest. Er trug ein rotes Hawaihemd, das mit einer Comicfigur bedruckt war. Auf seinem Schwarzem T-Shirt stand in Roten Lettern: "Spidey".

Nachdem er etwas Beifall abgewunken hatte, ging er erhobenen Hauptes die zwei Stufen zum Podest herauf und ... stolperte noch vor der Treppe über seine eigenen Füße, konnte sich mit den Händen abfangen, und schlug damit eine der Dielen der kleinen Bühne entzwei, welche sich nach oben klappend in seinem Gesicht verewigte...

Die Bewusstlosigkeit dauerte nur eine medizinisch unbedenklich kurze Zeit, nachdem auch das Nasenbluten aufgehört hatte, sprach er zu den Nerds:

„So, ich hab euch nun wohl sehr anschaulich vorgeführt, dass Nerdor sich wirklich auf der Welt befindet, und, dass wir trotzdem noch den Effekten der alten Welt unterliegen."

Ein Lachen ging durch die Menge ... der Nerd, richtete nochmal seine Kleidung, und kommentierte die Stimmung mit einem teils stolzen, teils verlegenen Lächeln.

„Ich stehe heute hier vor euch, um euch von den spektakulären Ergebnissen meiner jahrelangen Forschung zu berichten. Das N-E-RD System."

Fragende Blicke machten sich im Publikum breit, neugieriges Gemurmel war zu vernehmen.

Neue-Foki-Modul

Der Nerd hatte sich eine Kanne Wasser sowie Zitronenteepulver bringen lassen und begann sich ein Getränk anzumischen. Er schaufelte soviel Pulver in das Wasser, dass die Lösung mehr als nur gesättigt war. Nach gutem Umrühren begann er den Brei zu löffeln und setzte wieder an: „Nun, das N im N-E-RD System habe ich euch eben bereits demonstriert. Es ist das ‚Neue-Foki-Modul'.

„Das Ganze läuft folgendermaßen ab und dürfte besonders die Fanboy-Ecke brennend interessieren: Ihr könnt dank dem verstärkten Wirken Nerdors in unserer Welt euren Helden jetzt näher kommen als je zuvor und das sogar ganz einfach: Ihr müsst euch nur mit Symbolen eurer Helden behängen, so wie ich hier in Spiderman-T-Shirt und Spiderman-Hawaiihemd vor euch stehe, und schon nehmt ihr, genügend Glaube vorausgesetzt, die Kräfte des von euch so dilettantisch Kopierten an. Die Symbole habe ich einfach einmal Foki getauft.

Regeltechnisch ist das Ganze auch sehr unproblematisch: Ihr werft eine passende Probe, und..."

„Moment!", war es aus den hinteren Rängen des Zuschauerraumes zu hören. Der Vortragende schaute verdutzt zu dem Zwischenrufer.

„Ja?!"

„Ist das nicht total bescheuert? Ich meine, du redest, als würdest du InTime hier stehen, und erzählst den SCs die Regeln ... bei anderen Systemen weiß deine Figur doch auch nicht, dass du würfelst... schon mal was von der Trennung zwischen Charakter- und Spielerwissen gehört?"

Der Angesprochene seufzte, legte die Stirn in Falten und nahm noch einen Löffel von dem Eisteebrei zu sich, dann antwortete er: „Japp, aber so ist das nun mal, ist schließlich mein System ... außerdem liegen hier Charakter und Spieler so nah beieinander, dass das man das nicht so eng sehen sollte. Klar soweit?

Also, man muss eben sehen, dass man die Proben angemessen gestaltet... für meine Kletteraktion, habe ich eine Probe auf Unsportlichkeit, und Zappeln gewürfelt... sucht euch was aus! Hauptsache es macht Spaß. Ihr könnt natürlich auch eine DORPana-Karte ziehen.

Die Hauptsache ist es den richtigen Fokus zu tragen und mit diesem auch wirklich etwas zu verbinden. Hier ein paar Beispiele:

Fokus: Matrix-Kombo (Mantel, Sonnenbrille und was noch alles dazu gehört)
Wirkung: Erlaubt geniale Auftritte, Kampfsport aller Art
Aktivierung: Kampfpose, cooler Spruch

Fokus: Theme-Shirt
Wirkung: Imitieren von Superkräften der abgebildeten Figuren.
Aktivierung: Zitate, Situationen, „Ever wanted to do it", "Last chance to save the Day".

Dies sind nur zwei Beispiele. Das Erste findet zum Beispiel Anwendung im Kapitel „The Geeks Rise Wild" .

Das Zweite habe ich euch ja eben demonstriert. Denkt euch eigene aus, eurer Phantasie sind fast keine Grenzen gesetzt."

„Das ist ja cool.", dröhnte es aus der Munchkin-Ecke, die sogar vom spärlichen Licht gemieden wurde, „dann trage ich Hulkboxershorts, dazu ein Superman-T-Shirt und darüber einen coolen Matrix-Mantel. Das rockt! Damit mach ich alle platt!"

„Ähem ... nein. Wie ich bereits sagte musst du wirklich hinter dem stehen, was die jeweiligen Foki darstellen, so sehr, dass es den meisten Nerds wohl nur möglich ist höchstens eine Sache derart zu vergöttern, dass sie daraus Kapital schlagen können. Ein Kleriker betet ja auch nur zu einem Gott und nicht zu dem, der ihm gerade in den Kram passt. Doch kommen wir zum nächsten Kapitel. Dem E."

Extreme Equipment
„Die London-Times von Heute morgen, Sir!"
„Danke, sehr, James!"
„Ähhh... sagen Sie, wir sind hier 1880 mitten in der amerikanischen Prärie, seid zwei Wochen nicht mehr in einer Stadt gewesen... wie bekommt ihr Butler hier die Zeitung aus London?"
- James Jeremiah Butler

„Laut berichten und Erzählungen, ist es der Seele der Schar gelungen, Gegenstände aus dem nichts zu erschaffen! Nicht nur kleinere Gegenstände, wie Büroklammern oder ähnliches, das geht in jeder cineastischen Runde, sondern wirklich abgefahrene Sachen, die überhaupt nicht funktionieren könnten, weil sie den Naturgesetzten widersprechen oder weil sie einfach so mächtig sind, dass sie fast schon Artefaktstatus haben könnten."

Die Augen der Menge werden größer; man hätte jetzt eine Stecknadel fallen hören können...

„Nun, der Kollege der euch das Extreme Equipment zeigen sollte, ist gerade etwas zu spät, aber der hat den Scimibonus, könnte also jeden Moment kommen oder nicht oder ist schon da, auf jeden Fall müsst ihr leider ohne Demonstration auskommen, lauscht also einfach meinen Worten der Weisheit:

Extreme Equipment funktioniert wie eine Muahaha, schreibt es also auf euren Bogen in die entsprechende Spalte und würfelt, wenn euch die Situation passend erscheint auf Scheinargumentation & Extreme Equipment, um einen Gegenstand aus dem Nichts zu erschaffen. Die Skala für Extreme Equipment sieht dann wie folgt aus:

Gelb: Du kannst Sachen in der Größenordnung und vom Nutzen eines Solartaschenrechners bei Nacht herbeirufen.

Grün: Ein Gutschein für Pizza Hut, während du im McDonalds stehst, ist eine deiner leichtesten Übungen.

Violett: Ein Schweizer Taschenmesser, ein USB-Stick, ja sowas führst du scheinbar immer mit dir.

Blau: Die Original Ghostbusters Protonenstrahler ... Filmrequisiten.

Rot: Eine Kettensäge in der Hemdtasche ... oder eine kühler Drink aus der Manteltasche in der Wüste.

„Bei dieser Kraft ist zu beachten, dass man hier normale Gegenstände erschafft und keine Artefakte."

Weinen und Schluchzen war von den Munchkins zu vernehmen.

„Noch irgendwelche Fragen zum Extreme Equipment?"

„Ja. Wenn das Extreme Equipment ein weiteres Muahaha ist ... ist dann jemand der sich auf dieses spezialisiert jemandem gegenüber der das Neue Foki Modell verwendet nicht im Nachteil? Dieser hat seinen Farbpool, um Muahahas zu erwerben und bekommt die Fokikräfte dazu während jemand der Extreme Equipment praktiziert jetzt seinen Farbpool auf mehr Muahahas aufteilen muss, was ihn automatisch schlechter mach."

„Ich bin froh, dass du fragst, es ist nämlich so, dass jemand, der sich auf Extreme Equipment verlegt hat einen höheren Farbpool für die Muahahas bekommt: Er darf sich entweder eines erwerben in der Stufe Blau, das konnten bisher nur DORP Ones, eines auf Violett und eines auf Grün, Zwei auf grün und eines auf Gelb oder eben alle auf Gelb erwerben. Selbstverständlich müssen die übrigen Muahahas, die er erwirbt nach wie vor aus seinem Regiment stammen."

Reality Distortion

„There is no spoon."
- Neo, The Matrix

„Bliebe als letzte neue Macht, noch die Reality Distortion zu erklären!

Der Nerd, der diese Macht nutzt, kann die Realität nach seinen Wünschen formen ... er muss es ihr nur plausibel machen, oder sie zumindest kreativ anlügen. Während er dies tut, legt er eine Probe auf Exzentrizität und Reality Distortion ab. Die Skala für das mögliche sieht dabei in etwa so aus:

Gelb: Vereiteln von Filmlogik, z.B. unlimited Ammo-Clips, durch aufmerksam machen

Grün: Explizites und exzessives Anwenden von Filmlogik.

Violett: Deine Scheinargumentation wirkt sich auf die Umgebung aus.

Blau: „Wir machen den Weg frei." Unmögliches wird möglich.

Rot: SPOT-LIGHT!"

„Was zum Geier soll SPOT-LIGHT heißen?"

„Kennst du etwa InSpectres nicht? Da wird das erklärt, aber für alle denen dieses nur 15 Euro teure Spielchen zu teuer ist dennoch hier das Wichtigste in Kürze: Wer ein Spotlight setzt, darf einem anderen Charakter einen neuen Charakterzug andichten (‚... wenn Bernhard nicht immer so vergesslich wäre.'), den dieser dann ausspielen muss oder den Ausgang einer Handlung vorwegnehmen, der dann im folgenden Spiel auch eintreten muss (‚Ich wusste von Anfang an, dass der Gärtner der Mörder ist.').

Das ist es. Das N-E-RD-System. Ich danke für euer Gehör."

„Moment mal, Freundchen. Du verkaufst uns das Ganze hier als den ganz großen Wurf, den Durchbruch auf dem Gebiet der Magietheorie, dabei hast du in Wahrheit nicht mehr zu bieten als zwei neue Muahahas und die Sache mit den Foki. Gib es wenigstens zu!"

„Ok, hast mich erwischt, immer diese elenden Cyberknights mit ihrem Detailblick.

Aber du musst zugeben die Sache mit den Foki hat mehr Style als alles andere!"

Einhelliges Nicken in der Menge.

Die Kehrseite der Medaille

„Ups."
- Anakin Skywalker, Episode I

„Bevor ich euch entlasse, sollte ich euch noch auf ein paar Kleinigkeiten aufmerksam machen. Die Sache hat nämlich einen klitzekleinen Haken..."

„War ja klar. Wir sind gespannt."

„Wie ihr wisst gab es eine Kollision zwischen Nerdor und der Realität, wodurch viel von der Macht Nerdors in diese Welt floss, nur dadurch werden die ganzen neuen kewl powerz überhaupt erst möglich. Jetzt ist es so, wenn ihr mal nach draußen schaut, werdet ihr feststellen, dass es sich dabei nicht ganz lupenrein um Nerdor handelt, vielmehr kämpfen Nerdor und die Realität miteinander um die Vorherrschaft es ist ein ständiges Auf und Ab. Auf der einen Seite habt ihr größere Macht als je zuvor, auf der anderen Seite sind Janitoren, als Hüter der Banalität, auch zu einer gefährlichen Größe geworden, und gerade jetzt wo ich hier stehe..."

„Skip to the end."

Der Vortragende seufzte und gab schließlich, mehr flüsternd als redend, von sich:

„Manchmal funktionieren eure Kräfte nicht."

„Was? Ich hab dich nicht verstanden."

„Manchmal funktionieren eure Kräfte nicht."

Die Reaktion des Publikums war entsprechend. Einigen wich die Farbe aus dem Gesicht, manche fingen an hemmungslos zu weinen, wieder andere taten laut ihren Unmut kund, schließlich stand einer auf und fragte, was allen unter den Nägeln brannte: „Warum? Und betrifft das auch die alten Muahahas?"

Der Vortragende nickte und antwortete: „Wie ich sagte streiten sich Nerdor und die Realität noch um die Vorherrschaft und manchmal hat eben die Realität absolut die Oberhand und dann funktionieren eure Nerd-Kräfte nicht. Auch die alten Muahahas nicht."

„Und in welchen Situationen ist das?"

„Da gibt es noch kein konkretes Muster, im Grunde genommen scheinbar immer, wenn der Spielleiter es will."

„Du vermischst schon wieder Spiel und Realität."

„Tue ich das? Wirklich? Wie dem auch sei, ich denke ihr müsst all die neuen Informationen erst einmal verarbeiten ich bedanke mich für eure Aufmerksamkeit."

Mit diesen Worten verließ der Vortragende die Bühne und begab sich Richtung Ausgang. Er hatte gerade die Halle verlassen und holte seine Jacke an der Garderobe ab als Bernhard sich zu Denis beugte und fragte: „Wer war der Kerl eigentlich? Ich hab' den hier noch nie gesehen und vorgestellt hat der sich auch nicht."

Denis zuckte mit den Schultern: „Ich habe keine Ahnung, aber hast du gesehen wie der angezogen war? Ich weiß nicht wie er heißt, aber ist mit Sicherheit SpiderMan's Greatest Alive Fan." Beide nickten sich konspirativ zu, da hörten sie vom Flur noch einmal den Vortragenden: „Mist! Ich hab' mir eine Bleistiftmiene in der Hand abgebrochen. Hat jemand ein Messer dabei, damit ich die wieder rausbekomme?"

Regel-Quicky

Für alle, denen es zu müßig ist, sich die Einzelheiten aus dem Fließtext herauszuholen hier die Regeln auf einen Blick:

Neue-Foki-Modul

Der Fanboy muss sich mit bedeutenden Symbolen der Figur deren Kräfte er erhalten will behängen. Worauf gewürfelt wird hängt davon ab, was er machen will.

Extreme Equipment

Wurf:	Exzentrizität & Reality Distortion
Gelb:	Du kannst Sachen in der Größenordnung eines Solartaschenrechners bei Nacht herbeirufen.
Grün:	Ein Gutschein für Pizza Hut, während du im McDonalds stehst, ist eine deiner leichtesten Übungen.
Violett:	Ein Schweizer Taschenmesser, ein USB-Stick, ja sowas führst du scheinbar immer mit dir.
Blau:	Die Original Ghostbusters Protonenstrahler ... Filmrequisiten.
Rot:	Eine Kettensäge in der Hemdtasche ... oder eine kühler Drink aus der Manteltasche in der Wüste.

Reality Distortion

Wurf:	Exzentrizität & Reality Distortion
Gelb:	Vereiteln von Filmlogik, z.B. unilimited Ammo-Clips, durch aufmerksam machen.
Grün:	Explizites und exzessives Anwenden von Filmlogik.
Violett:	Deine Scheinargumentation wirkt sich auf die Umgebung aus.
Blau:	„Wir machen den Weg frei." Unmögliches wird möglich.
Rot:	SPOT-LIGHT!

Weitere Regeln

Jeder Nerd kann bei der Erschaffung eine der drei neuen Fertigkeiten wählen.

Wählt er eines der beiden neuen Muahahas wird sein Farbpool wie folgt modifiziert:

1.) Er darf ein Muahaha auf der Stufe blau erwerben

oder

2.) Eines auf grün und eines auf violett

oder

3.) Zwei auf grün und eins auf gelb

oder

4.) alle 4 auf gelb

Die beiden neuen Muahahas dürfen von allen Regimentern benutzt werden, ansonsten gelten die Regeln des Grundregelwerks.

Manchmal funktionieren die Muahahas nicht. Auch nicht das Neue Foki Model. Wann genau dies geschieht unterliegt keinem Muster sondern reiner Willkür, aber am besten natürlich wenn es witzig wäre, dass sie nicht funktionieren...

Artefakte

„Hör' mal zu: Das ist ein Volvo."
– Peter der Koch, In China essen sie Hunde

Zuerst war er Getränke kaufen, im Kofferraum befanden sich drei Cola- und zwei Wasserkästen. Anschließend holte er noch drei seiner Mitspieler ab und begab sich auf den Weg zu seinem SL. Ein Unfall zweier anderer Autos hätte sie fast aufgehalten, doch statt im Konvoi zusammen mit den anderen auf die Polizei zu warten, schlängelte er sich durch ein paar der Innenstadtgässchen. Zwischen seinen Außenspiegeln und den Hauswänden war kaum eine Hand breit Platz.

Als sie am Supermarkt vorbei kamen, fiel ihm ein, dass sie noch keine Knabbereien dabei hatten, einen Kaufrausch später war auch das behoben. Die drei Eurokisten passten noch so eben in den Kofferraum.

Schließlich hatte er sein Ziel erreicht. Als alle ausgestiegen waren, zog er den Sicherheitsgurt des Fahrers sowie den des Beifahrers großzügig aus und schulterte den Wagen wie einen Rucksack, ein Rucksack, der ihm wie angegossen stand.

Im Haus leerte er den Kofferraum und verstaute den Wagen letztlich vorsichtig in einem Brillenetui.

Er passte perfekt.

Willkommen in einem Kapitel, das in keinem Rollenspiel fehlen darf. Artefakte. Magische Gegenstände. Ein wohlig, erregtes „Huuuuu" geht durch die Reihen der Munchkins, manche von ihnen schließen gar die Augen und beginnen zu träumen...

Was unterscheidet Artefakte von herkömmlichen Ausrüstungsgegenständen? Wenn sich dir solche Fragen stellen bist du für dieses Kapitel wohl noch nicht Munchkin genug. Sie sind magisch und können deshalb coole Sachen.

Ein echter Munchkin stellt an ein Artefakt-Kapitel nicht wirklich viele Anforderungen. Im Grunde genommen müssen ihm nur drei Fragen beantwortet werden: Was sind Artefakte? Schließlich braucht er eine fadenscheinige spielwelttechnische Begründung, warum sein Charakter all den Kram, den er dabei hat, auch dabei haben kann. Wie erstellt man Artefakte? Man muss doch wissen, wie man die ganzen coolen Teile baut, um sie später auch verwenden zu können.

Die letzte Frage „Welche Artefakte sind bekannt?" ist mehr ein Quengeln nach vorgefertigten Artefakten, quasi ein Starterpack, damit man nicht ganz nackt durch die Gegend zieht, bis man selbst welche bauen kann; und für unkreative Munchkins ist eine solche Liste ohnehin ein Segen.

Da dies ein wissenschaftlich anerkannt Munchkin-tauglichs Artefakt-Kaptiel ist, beantwortet es die drei Kernfragen eines Munchkins natürlich in geradezu vorbildlicher Weise.

Was sind Artefakte?

Artefakte sind Gegenstände, die von der Macht Nerdors berührt wurden und deshalb zu etwas ganz Besonderem wurden. Sie trotzen allen Gesetzen dieser Welt nicht nur, sondern spucken ihr regelrecht ins Gesicht.

Man stelle sich die Macht Nerdors als eine dicke, stinkende Flüssigkeit vor, die in einem riesigen Bottich vor sich hin blubbert und in der viele merkwürdige Dinge schwimmen, von denen man auf den ersten Blick glaubt zu wissen was sie sind, weshalb man den zweiten Blick zur tatsächlichen Verifizierung lieber gar nicht erst riskiert.

Ein Artefakt ist nun ein Gegenstand, der durch irgendeine Fügung des Schicksals in diesen Bottich getaucht wurde. Es kann sein, dass er einfach vom Regal gefallen ist, in der Suppe landete und irgendwann wieder geborgen wurde ... oder noch nicht geborgen wurde. Es kann auch sein, dass ein wahnwitziger Nerd die Leiter zum Rand des Kessels erklimmt und einen Gegenstand mit voller Absicht eintaucht. Meistens tut er dies, um dem von ihm präferierten Gegenstand eine spezielle magische Kraft zuzuordnen ... meistens geht das schief.

Es hat in der Geschichte der Menschheit schon immer magische Artefakte gegeben, wie zum Beispiel Siegfrieds Schwert oder das allererste Magic-Deck, doch in letzter Zeit treten sie in starker Häufung auf. Warum? Nun, als das Triumvirat gegen Dr. Nerdoc Nerdors Macht entfesselte, hat es den Kessel mit gutem Anlauf umgetreten, sodass sich dessen perverser und pervertierender Inhalt einmal über diese Welt ergießen konnte. Anschließend wurde der Kessel zwar neu aufgesetzt, doch die Flamme so hoch gesetzt, dass er nun beständig überkocht.

Hiermit dürfte die erste wichtige Frage ausreichend erklärt sein. Es ist zwar kein seitenlanges Essay, das alles bis ins letzte Detail erklärt, aber der durchschnittliche Munchkin wäre schon mit der Hälfte an Text zufrieden gewesen, zusätzlich hat er noch eine schöne Metapher an die Hand bekommen, die er intime und outtime immer wieder zum Besten geben kann, wenn er gefragt wird woher der ganze magische Schnickschnack eigentlich kommt, den er so bei sich trägt...

Wie erstellt man Artefakte?

Eigentlich sollte hier noch die Frage vorgeschaltet werden wie man an nicht selbstgemachte Artefakte kommt, aber die ist beinahe lächerlich leicht beantwortet...

Man kann die Welt in zwei Sorten von Spielleitern einteilen, in diejenigen, die Artefakte verschenken und in diejenigen, die mit ihnen geizen, als würden sie sterben, wenn sie zu viele davon verteilen. Erstere Spezies ist dafür bekannt, dass die Spieler sogar dann mit magischen Gegenständen überhäuft werden, wenn sie einer Oma über die Straße helfen, während die zweite Gruppe immer epische Questen vor das erlangen eines Gegenstandes setzt. Es gibt kaum Spielleiter, die sich dazwischen einpendeln.

Doch egal unter welchem der beiden der Munchkin seinen Dienst tut, bevorzugt der Erste, irgendwann reicht ihm der von seinem eSeL zugeteilte Kram nicht mehr, weil er selber doch viel coolere Ideen hat. Außerdem rocken seine Gegenstände viel mehr. So stellt sich ihm eben schließlich die Frage: Wie zum Geier kann ich eigene Artefakte erstellen?

Wie bereits weiter oben erwähnt, hat es schon immer Nerds gegeben, die sich daran versucht haben und Gegenstände ihrer Wahl in den Topf mit dem Zaubertrank gehalten haben, mit meistens zweifelhaftem Erfolg...

Doch im Vergleich zu heute konnte man die Ergebnisse in vergangenen Tagen mit geradezu mathematischer Genauigkeit voraussagen, schließlich kocht der Topf die ganze Zeit über und die Leiter, die zu seinem Rand führt ist von oben bis unten mit dessen schleimigen Inhalt überzogen.

Mal ganz davon abgesehen, dass man meistens ohnehin schon knietief in der Brühe watet, bevor man überhaupt die Leiter erreicht. Mit anderen Worten grenzt es an ein Ding der Unmöglichkeit, dass der Gegenstand nicht bereits mit dem Gekröse in Kontakt gekommen ist.

Natürlich gibt es Nerds, die dies berücksichtigen und deshalb möglichst tief in den Topf eintauchen, in der Hoffnung, dadurch wieder mehr Kontrolle über die Geschichte zu bekommen. Dieser Gedanke ist Quatsch und kommt einem Versuch gleich ein brennendes Haus mit Feuer zu löschen.

Wir wissen also, dass es im Grunde nicht möglich ist einen Gegenstand gezielt mit einem magischen Effekt zu belegen, aber es ist möglich ihn mit einem magischen Effekt zu belegen. Natürlich ist sich jeder Nerd sicher, dass bei ihm alles gut geht, die anderen waren eben alle nur Stümper. Der Einzige, der es besser weiß, ist der grinsende Munchkin-SL. Ganz wichtig ist es allerdings bei allen lustigen Seiteneffekten die Spieler nicht zu sehr zu frustrieren. Andere Effekte als erwartet ist in Ordnung und witzig, wenn die Charaktere aber regelmäßig von den eigenen Artefakten niedergemacht werden ist das nicht mehr witzig und demzufolge nicht mehr in Ordnung. In unseren Tests reagierten Munchkins in aller Regel mit Foltern und Aufknüpfen des entsprechenden Spielleiters.

Nach dem ich nun lang und breit erklärt habe, was metaphorisch geschieht, wenn ein Nerd versucht ein Artefakt zu schaffen wird es wohl allmählich Zeit zu erklären, wie zur Hölle er es nun tatsächlich machen soll.

Als erstes braucht er hierfür natürlich den Gegenstand, der magisch aufgeladen werden soll und eine Idee, welcher Effekt aufgelegt werden soll, wäre auch nicht verkehrt. Wenn man dann schließlich weiß, was man mit was machen will, braucht man nur noch ein paar Symbole, welche die magische Funktion, die der Gegenstand aufnehmen soll repräsentieren und jagt abschließend ein ordentliches Bündel nerdischer Energie durch den Gegenstand. Voilà, das Unheil ist angerichtet.

Für manch einen stellt sich die Frage, wie er den den Gegenstand mit nerdischer Energie aufladen soll, doch das ist gar nicht so schwer, denn zum einen trieft die seit einiger Zeit ohnehin aus jeder Ritze und zum anderen hat ein Nerd schon immer ordentlich Potential gehabt. die Kräfte Nerdors anzuzapfen. Er muss nur genug seines Nerdtums sammeln, beispielsweise ein Pentagram aus all seinen Grundbüchern zurecht legen, den Gegenstand in der Mitte platzieren um dann cthuloide Beschwörungsformeln zu sprechen.

Regeltechnisch wird anschließend ein Wurf auf *Exzentrizität & Okkultismus* gemacht oder eine Karte gezogen. Das Ergebnis bestimmt den oder je nach Wunsch auch die Effekte des Artefakts. Diese

71

entsprechen zwar wie mehrfach erwähnt eigentlich nie den Gewünschten, sollten in aller Regel aber schon in etwa in die richtige Richtung gehen, schließlich sollen die mühsam zusammengesuchten Symbole nicht komplett wirkungslos verpuffen.

Veranschaulichend gibt es zu diesem hochkomplexen Sachverhalt natürlich noch ein Beispiel:

Arnold möchte durch einen perfiden Plan die Herrschaft über die heimische Fernbedienung an sich reißen: Sie soll in Zukunft nur noch bei ihm funktionieren. Und wenn er schon mal dabei ist, denkt er sich „Butter bei die Fische" und will aus ihr noch gleich eine Universalfernbedienung machen, die mit jedem anderen HiFi-Gerät auch funktioniert. Zu diesem Zwecke hat er sie mit jeder Menge Fotos von sich beklebt, sowie einem Familienfoto auf dem alle Familienmitglieder außer ihm durchgestrichen sind, danach umwickelt er sie noch mit einem MediaMarkt-Prospekt.

Die notwendige nerdische Energie setzt er auf der AnimagiC frei als er mit der Fernbedienung in der Tasche an einer Polonaise zu „Hubba Hubba Zoot Zoot" teilnimmt.

Arnolds Spieler Wolfgang entscheidet sich zu würfeln und erzielt ein pinkes Ergebnis. Niedlich. Fortan funktioniert die Fernbedienung tatsächlich nur bei Arnold und tatsächlich für alle Geräte.

Allerdings schauen ihn die Umstehenden immer derart herzerreißend an, wenn er mal wieder ihre Lieblingsserie zu Gunsten von StarTrek abgeschaltet hat, dass er seine Sendungen vor lauter schlechtem Gewissen kaum genießen kann. Darüber hinaus hat die Fernbedienung noch eine Fähigkeit und zwar kann er damit nicht nur HiFi-Geräte, sondern auch seine Familie bedienen also die quengelnden Kinder leiser machen oder vorübergehend ganz ausschalten oder aber auch seine Frau schärfer machen...

Jetzt weiß der geneigte Munchkin also, warum er wie Artefakte schaffen kann. Alles was er jetzt noch braucht ist ein Starter-Kit...

Welche Artefakte sind bekannt?

Hier also die erkleckliche Anzahl an Artefakten, die bereits gefunden oder hergestellt wurden und sich im Einsatz befinden.

Das Auto, dass aufgrund schlechter Spezialeffekte immer die richtige Größe hat

Zu dem Zeitpunkt, als gerade eine riesige Welle nerdischer Energie einer Tsunami gleich auf die profane Welt niederprasselte, versuchte ein unterbezahlter Cyberknight mit den ihm gegeben Mitteln zu retten, was bei den Spezialeffekten des mittleren Teiles einer weltbekannten Trilogie noch zu retten ist. Spätestens bei einer Massenkampfszene, bei der einer gegen ganz oft einen anderen kämpft weiß man, dass er es nicht geschafft hat.

Doch seine Arbeit war dennoch nicht umsonst, denn Nerdor und die schlechten Spezialeffekte machten aus seinem kleinen, weißen, quadratischen Seat Marbella ein einzigartiges Artefakt: Der Wagen hat immer die passende Größe. Man kann ganze Schulklassen damit transportieren, er passt in jede Parklücke und man kann ihn bequem in der eigenen Brieftasche verstauen, dafür sieht er leider nun einmal aus wie schlecht gerendert.

Das Null-Device

Ein absichtlich geschaffenes Artefakt, dass ein gequälter Spielleiter einst erschuf, um dort die die ganzen plottötenden Ideen seiner Spieler zu entsorgen, er stellte sich das in etwa so vor:

SL: „Was machst du?"

SP: „Ich töte Gandalf den Grauen."

SL: „Jaja." *benutzt Null-Device* „Was wolltest du nochmal machen?"

SP: „Komisch ... eben wusste ich es noch."

Und uriger Weise handelt es sich bei dem Null-Device um eines der wenigen Artefakte, die tatsächlich funktionieren wie sie sollen! Es scheint, als wolle eine höhere Macht ihren Teil dazu beitragen, die Dummheit von diesem Planeten zu verbannen, so kann man nicht nur verrückte Spielerideen, sondern generell dämliche Vorschläge im Null-Device einsperren.

Mit Vorsicht zu genießen ist das Null-Device allerdings, wenn es überhitzt ist, dann kann es bei unsachgemäßer Handhabung vorkommen, dass die ganzen verrückten Ideen darin ausbrechen und einen unbezahlbaren Schaden anrichten ... ähnlich wie die Geister, die in Ghostbusters I ausbrachen und über New York herfielen.

Die st.-patricks-day-parade-in-a-box

Entstand ebenfalls als Nerdor vollkommen entfesselt über unsere Welt tobte, wann sonst sollte auch ein solch absurder Gegenstand geschaffen werden...

Die Wirkung dieses Artefakts ist im Grunde recht einfach: Man zieht die Box auf und nach einer gewissen Zeit entspringt ihr kein Clown, sondern eine „St.Patricks Day"-Parade, somit ist die Box ideal für sämtliche Verfolgungsjagden geeignet und fand gerüchteweise bereits in mehreren Actionfilmen Anwendung...

Das Psycho-Messer

Jeder kennt die Duschszene aus dem Film Psycho, ihr wisst schon, als dieses gestörte Muttersöhnchen mit der hübschen, nackten Frau nichts Besseres anzufangen wusste, als sie grausam abzustechen. Und jeder kennt auch die berühmte Musikuntermalung aus dieser Szene. Wann immer ein Nerd nun das Psycho-Messer verwendet ertönt genau diese Musik, ob beim Brot schmieren oder beim Kuchen schneiden oder beim Abstechen hübscher, nackter Frauen unter Duschen. Die Musik ertönt immmer.

Eine weitere Fähigkeit des Psycho-Messer ist es, ähnlich wie Stich in der Nähe von Orks, zu leuchten, nur eben nicht wenn

Orks in der Nähe sind, sondern wenn das Messer das Gefühl hat, ein potentieller, irrer Mörder wäre in der Nähe. Mit anderen Worten: Wann immer ein Nerd das Psycho-Messer verwendet, leuchtet es auch immer.

Da das Psycho-Messer noch vor der Nerdor-Welle in einem „Urban" in Köln gefunden wurde, liegt der Verdacht nahe, dass es sich hierbei um ein von einem Nerd geschaffenes Artefakt handelt. Von wem genau weiß man allerdings nicht und über den eigentlich gedachten Zweck kann man nur spekulieren.

Ferner stellt sich die Frage, wie dieses Artefakt in den Besitz des „Urban" gekommen ist und ob sein

Erschaffer es absichtlich abgetreten hat oder nicht. Hätte er es absichtlich abgetreten wäre das sehr schlecht, denn das würde bedeuten, dass mit dem Messer irgendetwas nicht stimmt, also irgendetwas über das Leuchten und das Musizieren hinaus...

Hätte er es nicht absichtlich abgegeben wäre das schlecht, denn das würde bedeuten, er will es womöglich wieder haben...

Klingonische Kampfdübel

Bei klingonischen Kampfdübeln handelt es sich um sehr, wirklich sehr gefährliche Gegenstände. Eigentlich sollten sie nur explodieren, wenn man sie in der Wand versenkt und waren als wertvolle Waffe im Einsatz gegen die Janitoren gedacht. Doch jetzt gehören sie zu den gefürchtetsten Waffen, die man finden kann und ihr Einsatz ist weltweit geächtet.

Die klingonischen Kampfdübel sind 4 cam lange rotbraune Dübel mit martialisch anmutenden, stählernen (!) Widerhaken an allen Seiten. Will man sie in einer Bohrung in der Wand versenken, verschwinden sie mit einem lauten, kehligen „Kapla!" in der Wand. Wenn man Glück hat.

Wenn man kein Glück hat schießen sie glohrreiche Lieder singend wieder aus der Wand heraus ... und sie haben immer noch diese Widerhaken...

Nachteile

„ Well life has a funny way of sneaking up on you
When you think everything's okay and everything's going right.“
- aus „Ironic“ von Alanis Morisette

Damals:

Peter und seine Freunde hatten sich gerade hingesetzt, die Charakterblätter verteilt und die Würfel ausgepackt. Alle waren heiß, nach so langer Zeit endlich wieder einmal zu spielen. Der SL hatte gerade angesetzt zu erzählen, als die Tür aufging und Peters Mutter hereinkam, mit einem Tablett in der Hand. „Ich hab euch ein bißchen Obst gemacht, Jungs“, rief sie freudig strahlend. „Und was soll das denn, am hellichten Tag die Rolläden runter?“ Peters Mund war wie ein dünner Schlitz und wütend zischte er: „Mama! Wir wollen nicht gestört werden!“ „Ist ja gut, mein Kleiner, aber um acht ist Bettgehzeit, putz dir bitte die Zähne, und keine laute Musik mehr!“

Wütend und rot vor Scham drehte Peter sich zurück zum Tisch. Doch da war niemand mehr.

Heute:

Peter und seine Freunde hatten sich gerade hingesetzt, die Charakterblätter verteilt und die Würfel ausgepackt. Alle waren heiß, nach so langer Zeit endlich wieder einmal zu spielen. Der SL hatte gerade angesetzt zu erzählen, als die Tür aufging und Peters Frau hereinkam, mit einem Tablett in der Hand. „Ich hab euch ein bißchen Obst gemacht, Jungs“, rief sie freudig strahlend. „Und was soll das denn, am hellichten Tag die Rolläden runter?“ Peters Mund war wie ein dünner Schlitz und wütend zischte er: „Louise! Wir wollen nicht gestört werden!“

„Ist ja gut, mein Schatz, aber denk dran, dass du noch mit dem Hund raus musst und der Abfall muss auch noch weg!“ Wütend und rot vor Scham drehte Peter sich zurück zum Tisch. Doch da war niemand mehr, außer seiner Tochter, die in einer logistischen Meisterleistung mit möglichst wenig Cola möglichst viele Charakterbögen ruinierte.

- Dank für den Damals-Part der Geschichte geht an Jon Snow aus dem GroFaFo

Kann mir jemand einen Vorteil nennen, den das Leben als Nerd so mit sich bringt? Einen richtigen, echten, entscheidenden Vorteil? Einen Vorteil von dem man wirklich etwas hat? Etwas, was so richtig rockt? Etwas bei dem andere Leute aus dem Staunen nicht mehr herauskommen und sagen: „Cool! Man ich wäre so gern ein Nerd...“

Niemand? Niemand. Dies hat auch einen ganz einfachen Grund: Es gibt keine Vorteile, ein Nerd zu sein. Es ist nichts Tolles daran, der soziale Außenseiter seines Umfeldes zu sein, man hat keine überlegene Position dort am Rande der Gesellschaft, in der Ecke wo kaum Licht hinfällt. Natürlich reden die Nerds sich ständig ein sie wären über die anderen Idioten erhaben, aber in stillen Momenten, wenn auch kein anderer Nerd in der Nähe ist, vor dem man sich produzieren müsste, um wenigstens mit anderen Spinnern herumhängen zu können, wird jedem von ihnen klar: Sie sind komplette Loser.

Und Loser haben keine Vorteile, nur Nachteile.

Diesem gesellschaftlichen Faktum müssen natürlich auch wir Rechnung tragen und präsentieren das wohl erste Rollenspiel, dass keine Vor-, sondern nur Nachteile an die Charaktere verteilt. Und verteilt ist hier das richtige Stichwort, denn am Anfang bekommt jeder Charakter erst einmal zwei Nachteile vom SL aufs Auge gedrückt. Der SL ist angehalten, die Nachteile möglichst willkürlich und despotisch auf die Charaktere zu verteilen. Ein Problem gibt es nur, wenn eine Gruppe zuviele Spieler für die Nachteile hat, dann bekommt eben jeder nur einen Nachteil und mehr als 12 Spieler werden es wohl nicht werden ... sonst hat man wieder GANZ andere Probleme...

Nun beginnt der interessante Part der Nachteile: Die Spieler dürfen verhandeln. Sie können versuchen ihre Nachteile an andere Spieler loszuwerden und dafür irgendwelche Gefälligkeiten anbieten, die entweder außerhalb des Spieles (Süßigkeiten) oder innerhalb des Spieles („mein Charakter ist der Büchersklave von deinem?“) liegen. Wenn einen alle Mitspieler herbe auf den Nachteilen sitzen lassen, kann man auch einen Deal mit dem Teufel machen und versuchen dem SL einen Nachteil zu verkaufen, das wird aber bestimmt nicht billig...

Größenwahnsinnige können vom SL auch weitere Nachteile erhalten, so er denn noch welche hat, und versuchen dafür mit irgendwelchen Goodiesbelohnt zu werden.

Die Spieler sind an dieser Stelle zum Tauschen, Verhandeln, Pokern, Betteln und Flehen eingeladen, aber keinesfalls Lügen und Betrügen ... das wäre ja langweilig...

Es folgt die Liste der Verhandlungsgegenstände.

Exfreundin des Spielleiter

So ein Nerd kann ganz schön garstig werden, wenn man ihn sitzen lässt. Den Charakteren des SCs dürften harte Zeiten bevorstehen und der Spielleiter wird einige böse Intrigen spinnen, um sich zu rächen, da hat man sich eine schöne Suppe eingebrockt.

Alternativ könnte der SL auch immer noch schwer verliebt sein und dem Charakter mit immer wieder neuen Versuchen ihn zurück zu erobern den letzten Nerv rauben. Es dürfte ferner sehr schwierig werden diesen Nachteil an ein männliches Gruppenmitglied abzutreten, da sollte Frau sich schon etwas einfallen lassen. Der SL sollte diesen Nachteil natürlich auch nur wenn es nicht anders geht an männliche Spieler verteilen und ansonsten immer an weibliche oder gar nicht, wobei es natürlich im Zuge der Emanzipation auch sein kann, dass der SC der Exfreund der Spielleiterin ist, dies kann allerdings nicht dynamisch verändert werden, sondern muss einmal endgültig festgelegt werden.

Gesagt getan

Sicherlich spielen bestimmt die meisten Elitegruppen so, schließlich ist das atmosphärefördernd und den meisten bösen Munchkins oft eine Lehre; blöde Kommentare gibt es dann auch nimmer. Aber zieht das auch eine Gruppe wirklich durch? Also, ich meine, bis zum bitteren Ende? Was ist, wenn der Spieler sagt „Macht mal kurz ohne mich weiter, ich geh auf's Klo"? Was geschieht bei „Gibst du mir mal die Cola rüber"? Welche Konsequenzen hat ein „Wieviel Erfahrungspunkte haben wir letzte Sitzung bekommen" oder ein beherztes „Spielleiterwillkür!"?

76

Der arme Tropf, der auf diesem Nachteil sitzen bleibt hat in solchen Situationen allerdings ein Problem...

Im Grunde genommen handelt es sich hierbei um einen relativ harmlosen Nachteil, immerhin spielt man Sonderlinge, die ohnehin den ganzen Tag Schwachsinn reden, da kommt es auf das bisschen mehr auch nicht wirklich an. Wer das Glück hat diesen Nachteil zu bekommen sollte ihn tunlichst nicht leichtfertig weitergeben...

Gesagt gesagt

Der radikale Umkehrschluss zu gesagt getan. Auf die Worte des Spielers folgen beim Charakter auch immer Worte. In Dialogsituationen sicherlich noch nicht das Problem, aber kombiniert folgendes Beispiel einmal mit diesem Nachteil:

SL: „Ein Laster rast auf dich zu."
Spieler: „Ich weiche aus."

Es dürfte klar sein, dass es sich hierbei um so ziemlich den gemeinsten Nachteil handelt, den man bekommen kann. Wer diesen vom SL zugeteilt bekommt muss es sich mit ihm wohl irgendwie mit ihm verscherzt haben (Bist du seine Ex-Freundin?), da man ohne die Hilfe der anderen Charaktere nicht einmal den ersten Raum verlassen kann. Wer diesen Nachteil wieder loswerden will wird dafür einiges hinlegen müssen...

Lichtempfindlich

Mit einem lauten Quietschen öffnete er die Tür. Mit Zischen glich sich der im Zimmer durch wochenlanges Nichtlüften entstandene Unterdruck aus. Gleißendes Sonnenlich flutete in den dunklen und übel riechenden Raum hinter der Tür.

Die Gestalt, die in der Tür stand, ächzte laut hörbar. Fast schockartig schwammen seine Augen in Wasser, Tränen rollten ihm das Gesicht herunter. Innerhalb von Sekunden färbte sich die Haut, deren Farbton schon nicht mehr mit weiß, sondern eher mit transparent zu beschreiben war, rot und Hautfetzen pellten sich ab. Die Rauchwolken, die er glaubte von seinen Armen aufsteigen zu sehen, könnten womöglich auch das Flimmern der Sonne oder Kreationen seines von der Hitze gepeinigten Geistes gewesen sein, doch darauf achtete er gar nicht mehr. Sein massiger Körper setzte sich schwerfällig in Bewegung und stolperte in einem Zustand zwischen vollkommenen Wahnsinn und panischer Fluchtreaktion zurück in die Dunkelheit seines Zimmers.

„Von wegen ich lebe ungesund, Sonne ist ungesund!", brummte er, als er sich wieder schwerfällig vor den Computer setzte.

Lichtempfindlichkeit ist vor allem unter Computerfreaks weit verbreitet, doch auch unter schwächlichen Rollenspielern wird dieses seltsame Phänomen beobachtet. Unter Vampire-Larpies ist diese Krankheit, die von ihnen „Mondsucht" genannt wird, ebenfalls weit verbreitet.

Dieser Nachteil dürfte auch zu den Begehrten gehören ... immerhin dürfte es 50% der Spieler am Tisch sehr leicht fallen ihn auszuspielen.

- Dank für diesen Nachteil geht an parkaboy aus dem GroFaFo

Würfelangst

Eine der schrecklichsten Phobien, die einen Nerd ereilen können ist die Würfelangst, auch Aliaphobie genannt. Der Charakter hat schlicht und ergreifend Angst vor oder zu Würfeln. Wenn die anderen gemütlich ihre Würfelsammlung auf den Tisch kippen, steht diesem Charakter der Angstschweiß auf der Stirn. Wenn es heißt „Dann mach' mal eine Probe auf Geschicklichkeit" läuft er Gefahr, sich weinend unter seinem Stuhl zu verstecken und der Satz „Dann würfelt mal Initiative" bereitet ihm ob seiner Häufigkeit schon geradezu körperliche Schmerzen. Die Fertigkeit „Würfeln" wird natürlich augenblicklich farblos.

Auf den ersten Blick ein ziemlich schwacher Nachteil, aber man muss sich sein soziales Ausmaß einmal wirklich vor Augen führen: Ein Rollenspieler der Angst vor Würfeln hat. Der Spott der restlichen Charaktere dürfte ihm sicher sein.

Ein Rollenspieler der Angst vor Würfeln hat ... das ist doch wie ein Fußballspieler, der Angst vor Fußbällen hat. Lächerlich.

-Dank für diesen Nachteil geht an Ein und Karl Lauer aus dem GroFaFo

Verhasster Protagonist

Jeder kennt ihn, jeder hasst ihn: Jar-Jar Binks. Der Inbegriff aller nervigen Charaktere, die, obwohl sie es nicht verdient haben, im Zentrum der Handlung eines Filmes, einer Serie oder eines Buches stehen. Die Liste ist lang: Wesley Crusher, Snails, ...

Und Jar-Jar Binks ist ihr König! Aber ich schweife ab...

Haben wir ihnen nicht allen die Pest an den Hals gewünscht? Einen möglichst grausamen und blutigen Tod? Langsam und qualvoll? Unter völliger Ignoranz solcher Dinge wie Menschenrechte? Habt ihr nicht selbst Angst vor euch, wenn ihr euch ausmalt, was diese Kreaturen alles verdient haben? Und fühlt ihr euch nicht doch irgendwie im Recht? Habt ihr nicht erst durch sie die wahre Bedeutung von Hass kennen gelernt? Ihr könntet jemanden verzeihen, der euren Hund erschießt, eure Katze anzündet und euer Haus einreißt, aber niemals, NIEMALS werdet ihr aufhören sie zu hassen, aus den tiefsten Winkeln eurer finsteren Seelen zu hassen.

Jeder NSC, dem diesem SC begegnet, empfindet genauso für ihn. Abgrundtiefer Hass.

Doch dieser Nachteil ist mit Vorsicht zu verteilen, denn so mancher Spieler denkt sich: Wenn mich ohnehin schon alle hassen, dann kann ich ihnen auch gute Gründe dafür liefern...

Farbenblind

Der Charakter ist komplett farbenblind, das heißt er nimmt die Welt nur in Grautönen war. Damit kann man im allgemeinen gut Leben, natürlich unter Einschränkungen, aber wenn es darum geht die Freebies eines SCs mit Nachteilen noch ein wenig aufzupumpen ist Farbenblind dazu ganz gut geeignet. Doch wir spielen DORP, das vielleicht bunteste Rollenspiel der Welt, und da sieht die Sache schon ganz anders aus. Ein farbenblindes Mitglied der DORP hat das unglaubliche Glück selbst unter Außenseitern noch ein Außenseiter zu sein.

Wenn immer der Spieler sich entscheidet, das Die4Color-System zur Entscheidungsfindung heranzuziehen, dürfen die anderen Spieler die Farbe seines Wurfes ändern. Der SL hat über diesen äußerst gemeinen Spaß natürlich die Hochherschaft und sollte darauf achten, dass dem Spieler, der auf diesem Nachteil sitzen bleibt, nicht ständig von den anderen Spielern niedergemacht wird...

Familie

Ein Blick in das Foto-Album:

Mein Haus, mein Auto, mein Boot, meine Tochter wie sie meine Würfel ins Aquarium kippt, mein Sohn wie er mit dem Feuerlöscher auf meine DVD-Sammlung schießt, meine Frau wie sie mit meiner Kreditkarte shoppen geht. Ein Familienfoto wo wir gemeinsam an den Niagarafällen sind, ich gucke so traurig, weil ich lieber auf die SPIEL wollte, aber ich durfte nicht. Hier gehen wir ins Kino, um mit den Kindern Bambi zu schauen, in Saal 2 lief gleichzeitig KillBill, den habe ich bis heute nicht gesehen. Hier ist ein Foto von meiner Jüngsten, wie ich ihr während der Rollenspielsitzung die Flasche gebe. Und hier eins wo sie auf meine SL-Unterlagen kotzt.

Hier sind ganz alte Fotos von mir als Kind. Eins wo mein älterer Bruder meine Mitspieler verprügelt.

Hier ist eins wo meine kleine Schwester meine Würfel ins Aquarium kippt. Machen kleine Mädchen das denn immer? Ist das so eine Art Kodex? Oh, hier hat mein dämlicher Bruder mein enttäuschtes Gesicht fotografiert, als ich nicht mit den anderen ins Kino durfte. Ich habe PulpFiction bis heute nicht gesehen.

Hier hat er fotografiert, wie ich mich weigere, mit dem Hund rauszugehen. Und hier, wie ich zur Strafe den Hintern versohlt kriege und erniedrigenderweise um Acht ins Bett muss. Ich liebe meinen Bruder. Wirklich.

Ich liebe sie alle.

Muss ich zu diesem Nachteil noch ein Wort verlieren?

Nicht entscheidungsfreudig

Es gibt Menschen, die selbst unter den klarsten Bedingungen wie etwa „Holt uns den Kristall, dann habt ihr eine Chance zu überleben, ansonsten töten wir euch auf der Stelle!" noch stundenlang überlegen und abwägen was nun zu tun ist. Im Grunde schafft es ein SC mit diesem Charakter nie, sich irgendwann zu einer Entscheidung durchzuringen. Nicht, weil er nicht irgendwann schließlich doch zu einem Ergebnis kommen würde, sondern weil ihm die Bürde der Entscheidung vorher schon abgenommen wurde. Falls sich die von den anderen getroffene Entscheidung dann als falsch herausstellt, wird er

natürlich nicht müde, das man das mit einem bisschen mehr überlegen hätte voraus sehen können...

Abenteuerangst

Die Gruppe saß in der Taverne. Dunst hing in der Luft und das Geräusch von klappernden Krügen schepperte herüber. Plötzlich öffnete sich die Tür und ein dunkler Schatten in einer schwarzen Kapuze stand in der Tür. Er blickte sich einen Moment um und ging dann zielsicher auf den Tisch der Helden zu.

Mit rauchiger Stimme fragte er: „Darf ich mich zu Euch gesellen, werte Herren". Schnell antwortete der Barde: „Och nö, danke, wir bleiben lieber unter uns."

Abenteuerangst beschreibt, dass der Nerd zwar gerne Rollenspiele spielt, aber riesigen Bammel vor allem Spannenden, Gefährlichen oder auch nur entfernt Aufregenden hat. Dies macht ihn innerhalb der Gruppe unbeliebt und schränkt seinen XP-Verdienst sowie seine Erfahrungen (nur Märkte und Badehäuser) ein.

Gerüchteweise eine unschlagbare Kombination mit „nicht entscheidungsfreudig"...

- Dank für diesen Nachteil an Jon Snow aus dem GroFaFo

Girl-Tourette

Der SC an den dieser Nachteil ging ist unfähig mit Personen des anderen Geschlechts Kontakt aufzunehmen. Sobald er versucht, jemanden zu einem Drink oder ins Kino einzuladen ist es vorbei. Jemanden zum Tanzen aufzufordern oder ihn gar zu bitten, ihn zu einer Party zu begleiten ist undenkbar. Natürlich traut er sich nicht einfach nur nicht, ihn/sie anzusprechen, sondern sagt zum Objekt seiner Begierde das in diesem Moment Dümmste, was er sagen könnte.

Natürlich verspürt er trotzdem das Bedürfnis, Kontakt mit dem anderen Geschlecht zu knüpfen und außerdem wird es dieses Mal ganz sicher klappen...

- inspired by Ben Winchester from Loserz

Gott hasst dich

Wenn dein Auto verreckt, dein Chef dich feuert und deine Freundin dir über das Radio mitteilt, dass du der größte Fehler ihres Lebens bist, dann ist das ein wirklich schlechter Tag. Wenn jeder deiner Tage so aussieht, dann weißt du, dass Gott dich einfach hassen muss.

Einem SC, der diesen Nachteil hat, geht einfach alles schief, was er anfasst. Was er sagt, es wird falsch verstanden, was er macht, er macht es falsch, was er nicht macht ... hätte er besser mal getan. Manchmal passieren ihm auch einfach so schreckliche Dinge, seine Sammlung fängt Feuer, sein Hund beglückt die Hündin des Nachbarn und es stehen zwölf Welpen ins Haus oder ein Rollenspiel ist immer dann ausverkauft, wenn er mit genügend Geld den Laden betritt.

Würfeln oder Karte ziehen ist für diesen Charakter nicht nötig es endet ohnehin immer alles „düster" oder mit dem Triumvirat.

Wenn du diesen Nachteil hast, weißt du, dass dein SL dich wirklich hasst.

79

Cliffhanger

„Jede Straße, der man konsequent bis zu ihrem Ende folgt, führt unweigerlich ins nichts. Erklimme einen Berg nur ein kleines Stück, und du wirst ihn in seiner Gänze sehen. Stehst du auf seinem Gipfel, wird er für dich unsichtbar.“
- Aus „Der Wüstenplanet“

Eine warme, freundliche Sonne tauchte die Stadt in nahezu märchenhaftes Licht. Das gute Wetter hatte sichtlich positiven Einfluss auf die Laune der Menschen. Lächelnd und Lieder flötend gingen diese ihrem Tagwerk nach. Die Kinder spielten auf der Straße, beobachtet von den neugierig mit dem Schwanz wedelnden Hundewelpen. Es war mit Sicherheit einer der schönsten Tage des Jahres.

Caput7 hätte kotzen können.

Alle waren glücklich, alle zufrieden mit sich und der Welt … nur er nicht.

Natürlich wussten auch die anderen Nerds, dass er es war, der damals die Seele der Schar um Hilfe bat, dass er es war, wegen dem das Triumvirat persönlich ausrückte und natürlich gaben sie ihm die Schuld, dass es jetzt weg war. Die Welt lag in Trümmern. Überall fielen Nerds über Nerds her, ließen Unzählige ihr Leben beim Kampf gegen die Janitoren. Doch auch die Reihen der Janitoren nahmen langsam aber stetig ab, was sich für Caput7 unter anderem darin zeigte, dass es seit Tagen in seinem Studentenwohnheim ganz widerlich stank.

Und er sollte an alledem Schuld sein? Hatte er das Triumvirat etwa gezwungen persönlich in Erscheinung zu treten? Aber für derart logische Argumente war diese neue, grausame DORP nicht offen. Stattdessen hatte man ihm das Kainsmal auf die Stirn tätowiert und ihn mit Schimpf und Schande, Hohn und Spott rausgeschmissen.

Sein Blick fiel aus dem Fenster, auf der Bank vor seinem Fenster saß ein junges Pärchen, das sich verliebt in Augen schaute. Langsam und behutsam näherten sich ihre Gesichter einander, zärtlich berührten sich ihre Lippen.

Die küssten sich! Da draußen tobte die Apokalypse, er selber wurde geächtet und angespuckt als wäre er der Antichrist persönlich und die küssten sich!

Caput7 glaubte es kaum. Wie konnten sie nur so blind sein! Jetzt hatte er die Schnauze voll, er riss seinen schwarzen Mantel von der Garderobe und schritt forsch zur Tür. Den Beiden würde er mal erzählen wo der Hase lang läuft.

Doch soweit kam er nicht.

Er öffnete die Tür und ihm versperrte eine schwarz gekleidete Person mit khakifarbenen Turnschuhen den Weg. Ihre dunkelblonden, struppigen Haare fielen auf die schwarze Jeansjacke. Die Person war weder dick, noch dünn, sondern von hatte einen ganz und gar normalen, in keiner Weise extremen Körperbau. Das Gesicht kam Caput7 vage bekannt vor, doch dann auch wieder nicht. Der ganze Aufzug … der Kerl vor ihm hätte locker ein Nerd sein können … aber irgendwie … nicht zwingend… und er kaute auf einer Tafel Zartbitterschokolade.

„Wer zur Hölle bist du?“ entwich es Caput7.

„Ich bin Muad'Depp“, antwortete der Kerl, betrat dabei die Wohnung und machte sich am Kühlschrank zu schaffen.

„Also doch ein Nerd…“ murmelte Caput7 vor sich hin, nur um als Antwort zu erhalten:

„Das sehe ich aber nicht so. Sag mal, hast du keine Pepsi hier drin?“ Mit einem genervten „Nein.“ schloss Caput7 seine Haustüre.

Ganz offensichtlich war dies nicht die Antwort, die Muad'Depp hören wollte, denn er schüttelte mit einem Blick zwischen Enttäuschung und Resignation verächtlich den Kopf eher er sich auf das Sofa fallen ließ.

Caput7s Geduld war nahezu erschöpft: „Willst du mir jetzt mal sagen, was du für eine Figur bist?

Wo kommst du eigentlich her?“

Muad'Depp beugte sich verschwörerisch nach vorne, winkte Caput7 näher heran und flüsterte: „Ich komme direkt aus Nerdor. Nicht dieses schwachsinnige Chaos, das sich den Weg in eure Welt gebrochen hat, sondern dem wahren, echten Nerdor.“

Caput7 wich alle Farbe aus dem Gesicht. Aus dem echten Nerdor? Dann war es vielleicht möglich … dann hatte er vielleicht … Caput7 musste es fragen: „Dann … dann hast du das Triumvirat gesehen?"

„Nein," entgegnete Muad'Depp und fügte mit einem breiten Grinsen hinzu: „ich bin das Triumvirat."

```
C:\>format dorp
Are you sure you want to proceed, reality will be changed forever.

[y]es, [n]o, [i]nevitable .... i

Estimated time to finish final volume: calculation impossible
starting to format dorp.......
```

Das epische Finale
um die Nerdisierung
der Menschheit.

When it's done.

format: DORP

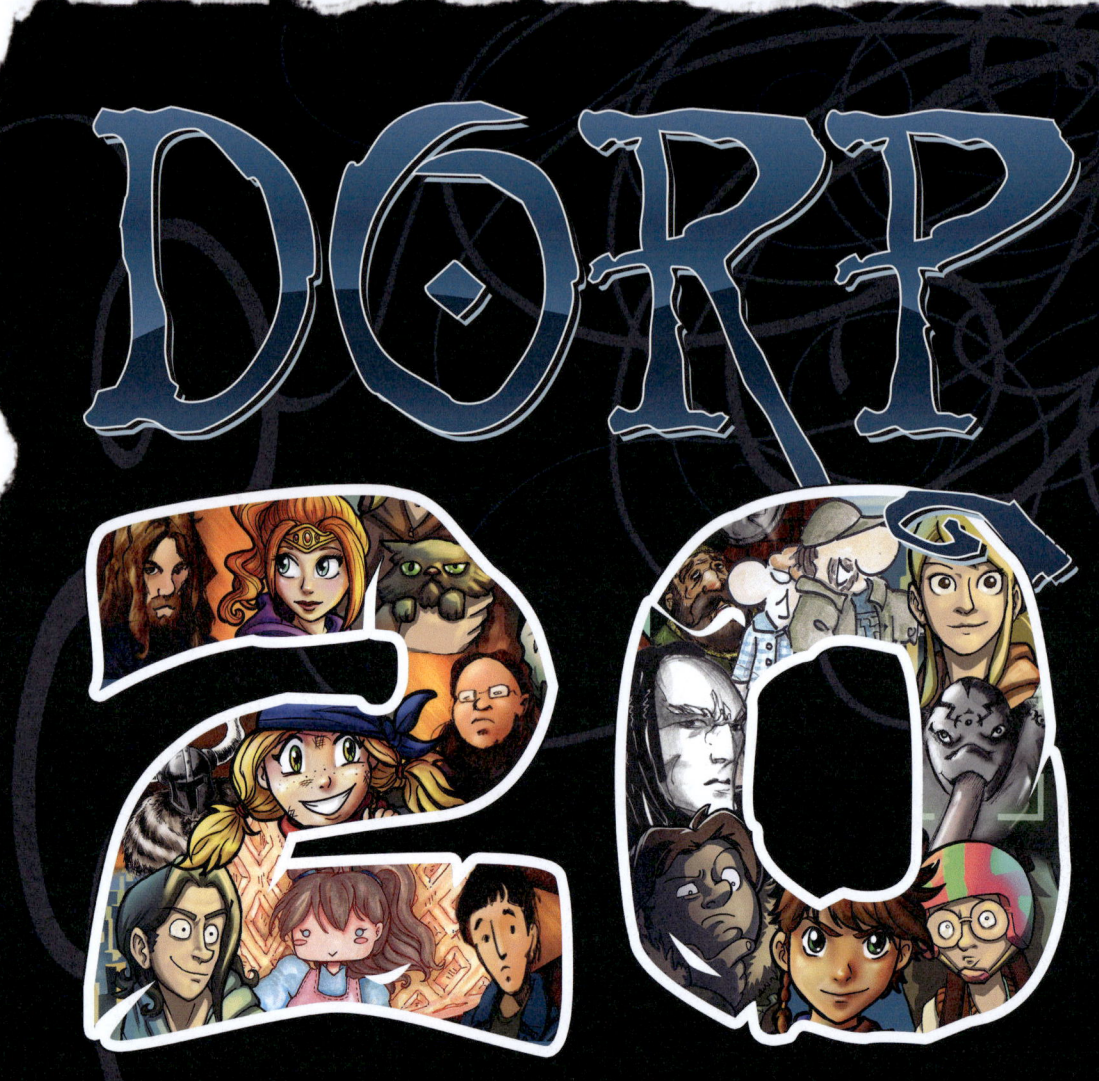

Am 2. 2. 1999 ging die DORP als Webseite erstmals ins Netz.
Fast 20 Jahre, in denen eine Menge passiert ist – und doch sind wir noch immer da.
Für das ganze Jubiläumsjahr 2019 haben wir Projekte und Produkte geplant, um das
zu feiern. Manche Schätze aus der Vergangenheit, manches ganz frisch und neu.

Nach wie vor findet ihr uns online unter www.die-dorp.de
Wir haben auch u.a. Accounts bei YouTube, Facebook und Twitter.
Den DORPCast, unseren Podcast, findet ihr auf allen gängigen Portalen, z.B. iTunes.

Mehr Unfug gefällig?

Schrecken aus der Tiefe ist ein DORP-Fun-Rollenspiel aus der Feder von Marcel Gehlen. Mit einer auf zwei Realstunden begrenzten Dauer und seinem bizarren Szenario ist es der perfekte Zeitvertreib für einen launigen Abend oder ein kurzweiliges Intermezzo auf einer Convention.

ISBN 978-3-7448-8761-8 – Preis 7€ – als PDF kostenlos auf die-dorp.de

Grundregelwerk

Die Siegel brechen, die Kraft des Mana kehrt in die Welt zurück!

Mystics of Mana ist ein komplettes Setting- und Regelbuch, basierend auf der fünften Edition des größten Rollenspiels der Welt. Inspiriert von zahllosen japanischen Rollenspielen ist es mehr als eine Hommage – es ist eine epische Geschichte, die nur noch auf ihre Helden wartet. Werdet ihr die Welt retten?

Neuheit 2019, gedruckt im Handel und als PDF kostenlos auf die-dorp.de